49.50

TIEN PLATBODEMJACHTEN

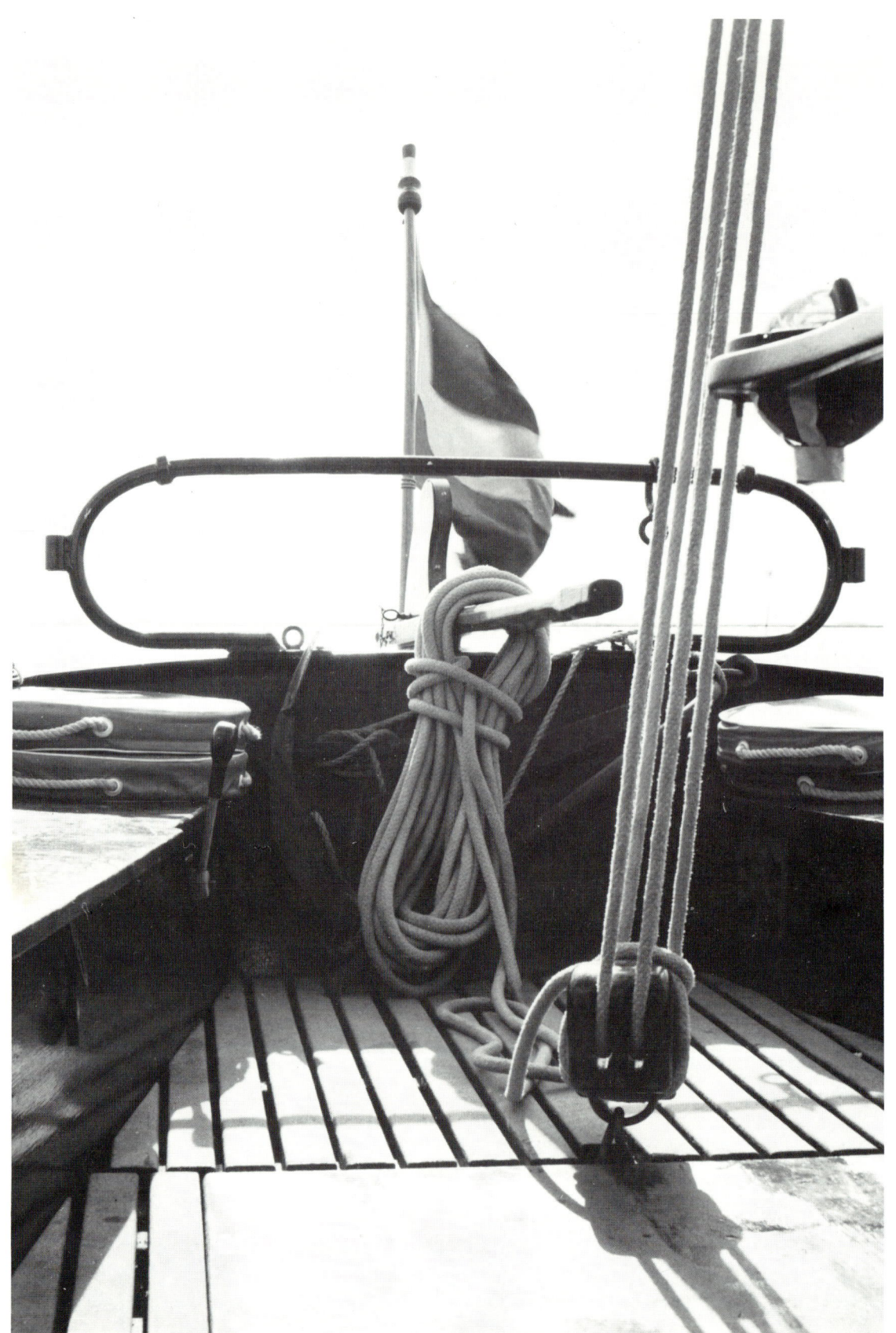

Jan Kooijman

TIEN PLATBODEM-JACHTEN

Uitgeverij De Boer Maritiem

Bij Uitgeverij De Boer Maritiem is verschenen:

Henk Bakkeren, *Hakken in hout*
Henk Dessens, e.a., *Scheepsrestauratie*
Henk Dessens, *De Hazenbergmodellen*
Mr. dr. T. Huitema, *Ronde en platbodemjachten*
Jan Kooijman, *De Giponvloot in tekening*
Jan Kooijman, *Varen met platbodems*
Jan Kooijman, *Tien platbodemjachten*

Boeken van Uitgeverij De Boer Maritiem worden uitgegeven door
Uitgeverij Hollandia BV

CIP-GEGEVENS KONINKLIJKE BIBLIOTHEEK, DEN HAAG

Kooijman, Jan

Tien platbodemjachten/Jan Kooijman. – Baarn: De Boer
Maritiem. – Ill.
Met lit. opg.
ISBN 90-6410-251-1 geb.
NUGI 465
Trefw.: platbodemschepen.

© Uitgeverij Hollandia BV 1994
Ontwerp omslag: Studio Eric Wondergem bNO, Baarn
Druk: Drukkerij Nauta, Zutphen
Uitgave: Uitgeverij De Boer Maritiem
           Beukenlaan 20, 3741 BP Baarn, 1994

ISBN 90 6410 251 1

Overname van tekst, tekeningen of foto's, in welke vorm ook,
zonder schriftelijke toestemming van de uitgever is verboden.

INHOUD

Woord vooraf 7
Inleiding 9

  1 De 6.65 meter grundel 13
  2 De 7.00 meter Enkhuizer bol 23
  3 De 7.50 meter Friese kajuitschouw 33
  4 De 7.80 meter Staverse jol 40
  5 De 8.10 meter Vollenhover bol 47
  6 De 9.00 meter zeeschouw 55
  7 De 9.25 meter hoogaars 60
  8 De 9.84 meter schokker 67
  9 De Lemsteraak 76
10 Het schip dat ligt te wachten –
    van zalmschouw tot tjalk 90

Naschrift 97
Lijst van namen en adressen 98
Beknopte literatuurlijst 99

WOORD VOORAF

Dit boek is bedoeld om informatie te geven over een aantal bestaande platbodemjachten. Ik heb, afgaande op mijn persoonlijke voorkeur, tien jachten tussen zes en twaalf meter lengte uitgekozen, waarvan ik vind dat het goede schepen zijn. Bij die keuze heeft een rol gespeeld of zij tweedehands in redelijke mate verkrijgbaar zijn en ook of zij nog nieuw kunnen worden gebouwd.

De meeste zijn van staal, maar de houtbouw is niet vergeten. De gekozen voorbeelden zijn gerangschikt in tien hoofdstukken, voor elk type een, te beginnen bij de kleine grundel en eindigend bij de tjalk.

Ik ben dank verschuldigd aan al degenen die mij hulp, raad en medewerking gaven, de ontwerpers, de bouwers en de informanten, evenals de zeilers die van hun zeilervaringen verslag deden.

Vanzelfsprekend konden niet alle goede platbodemjachten aan bod komen. Er zijn er meer dan in dit boek zijn besproken. Gelukkig wel, want de platbodems zijn terug!

Ik zal het op prijs stellen indien lezers mij hun commentaar willen geven.

Jan Kooijman
maart 1994

Klipper 44
3961 KK Wijk bij Duurstede

Een 8.50 m grundel

INLEIDING

Nederland waterland! Nog altijd is het zo, ondanks de vele inpolderingen. Buitenlanders zijn er jaloers op. Engelsen en Fransen hebben nagenoeg uitsluitend de zee, maar een waterwegennet met meren en kanalen, dat heeft Nederland bij uitstek. Het beste kun je dit gebied bevaren met een traditioneel Nederlands schip: zeilend als er gezeild kan worden, motorvarend om van het ene zeilgebied naar het andere te trekken. Traditionele Nederlandse vaartuigen zijn er in velerlei typen en afmetingen: grundels, bollen, aken, schokkers, hoogaarzen enzovoorts. Ze zijn allemaal begiftigd met dezelfde kenmerken die ze voor toervaren zo geschikt maken: de geringe diepgang, de lage, gemakkelijk strijkbare mast, de grote binnenruimte.

Toch heeft elk type weer zijn eigen voor- en nadelen. Lezing van dit boek en onderlinge vergelijking van de besproken schepen kunnen degene die een platbodemjacht zoekt, helpen om zijn keuze te bepalen. Hij moet er daarbij op bedacht zijn dat hij bedreigd wordt door twee gevaren. In de eerste plaats is er het gevaar dat een enthousiaste bespreking hem uit het oog doet verliezen aan welke eisen zijn eigen schip moet voldoen. Bij die eisen moet immers worden gelet op zijn persoonlijke omstandigheden. Een platbodemjacht dat op zichzelf een goed schip is, behoeft niet automatisch voor hem het geschiktste jacht te zijn. Dan is er nog een gevaar. Wie een traditioneel schip aanschaft, wordt bedreigd door de romantiek. In de *Loefbijter* – het blad van de Schipperskring Kooijman en De Vries, dat inmiddels zijn twintigste jaargang is ingegaan – lees ik een artikel van Carel de Munk, getiteld 'Zijn wij romantici?' Hij beantwoordt die vraag bevestigend. Op zichzelf is dat best, als het maar gepaard gaat met nuchterheid. Er zijn veel goede en mooie schepen, maar ze zijn lang niet alle geschikt voor de manier waarop u zou willen varen.

Als ik na deze opmerkingen de punten op een rijtje zet waarop bij de aanschaf van een schip moet worden gelet, dan kom ik tot het volgende lijstje: gebruiksdoel, beschikbaar budget, vaargebied, zeileigenschappen, bemanning (aantal, leeftijd, ervaring), wensen omtrent ruimte en comfort, nieuw of tweedehands. Laat ik ze maar eens afzonderlijk onder de loep nemen:

Gebruiksdoel. Moet het een scheepje zijn voor toervaren of voor wedstrijdvaren? Is het bestemd voor dagzeilen of voor vakantie- en weekendtochten? Is het misschien zelfs bedoeld voor een hele zomer op het water voor de zestigplussers van tegenwoordig, die met wachtgeld zijn of met pensioen? De grijze golf noemen de havenmeesters dat, geloof ik.

Beschikbaar budget. Men moet nooit verder trachten te springen dan zijn polsstok lang is. Bij een te duur schip is de lol er gauw af. Dat geldt niet alleen voor de prijs bij aanschaf, maar ook voor de kosten van onderhoud. Neem een flinke marge voor onverwachte uitgaven.

Vaargebied. Kies een schip voor het water waar het regelmatig zeilt, zijn thuiswater zogezegd. Kies geen schokker voor de Loosdrechtse plassen en geen kleine grundel voor het IJsselmeer en wie permanent op zee wil varen, kieze in het geheel geen platbodem, maar een slank scherp jacht.

Zeileigenschappen. Ook indien niet per se op wedstrijdvaren wordt gemikt, zijn de zeileigenschappen uiterst belangrijk. Het gaat immers om de keuze van een zeilschip. En die keus zal geen voldoening geven als ze niet beantwoordt aan de verwachtingen omtrent zaken als handzaamheid en zeilprestaties.

Bemanning. De afmetingen van een schip moeten in overeenstemming zijn met de

bemanning: te veel mensen in een te kleine ruimte, dat wordt niks, net als een te groot schip dat onderbemand is. Ook de leeftijd en de ervaring van de bemanning spelen natuurlijk een rol.

Ruimte en comfort. Varen betekent wat comfort betreft, een achteruitgang ten opzichte van het leven thuis. Een douche, een moderne keuken? Je kunt het zonder dat soort dingen stellen, maar hoe lang? Er zijn voor ieder grenzen aan het 'discomfort' dat hij verdragen kan. Het houdt onder meer verband met de vraag hoe groot het schip zou moeten zijn. Beter is het echter zich af te vragen: hoe klein mag het zijn?

Nieuw of tweedehands. Dit punt kan verband houden met het beschikbare budget; de keus voor een tweedehands schip kan immers op financiële gronden berusten, maar ook voortvloeien uit de ideële wens een oud schip te behouden door restauratie. Dat laatste wil dan weleens kostbaarder uitvallen dan het kopen van een nieuw jacht. De aanschaf van een tweedehands schip eist altijd de nodige oplettendheid, soms zelfs de expertise door een deskundige, zoals men trouwens ook bij nieuwbouw aan een deskundige kan vragen toezicht op de bouw uit te oefenen. Er zijn bepaalde standaardvragen die men zich kan stellen, bijvoorbeeld: is het een compleet werfschip of is het door een amateur gebouwd respectievelijk afgebouwd, al of niet met een bouwpakket van de werf, is de romp gestraald en goed geconserveerd, hoe is de motorinstallatie en hoe oud is de (benzine- of diesel)motor, hoe is de staat van het algemene onderhoud? Een paar voorbeelden over de keuzebepaling van type en grootte van het platbodemjacht:

Een al wat ouder echtpaar zocht een zeilschip om 's zomers lang op het water te zijn. Men dacht aan een boljacht van een meter of tien. Ik adviseerde hun een kleiner boljacht te nemen, dat ook 'bij het klimmen der jaren' voor hen handelbaar zou blijven, welk advies zij na enig aarzelen aannamen. Jaren later zag ik hen in de haven van Herkingen binnenlopen met hun prachtig onderhouden bolletje. Het deed mij intens genoegen dat zij hun grote erkentelijkheid uitspraken voor het destijds gegeven advies.

Een echtpaar met een paar kinderen van tienerleeftijd wilde een platbodem laten bouwen. Er met zijn allen over pratend op het werfkantoor kwam van de kinderen de opmerking: beste pa en ma, alles goed en wel, maar wat moeten wij nou? Het wordt jullie schip en wij hebben dan eigenlijk niks. Pa en ma waren gevoelig voor dat argument. In plaats van een groot schip werden het twee kleine Staverse jollen, een met een kajuit voor de ouders en een in vissermanuitvoering zonder kajuit voor de kinderen. Het bleek een ideale oplossing.

De persoonlijke omstandigheden waarmee rekening moet worden gehouden, zijn daarmee natuurlijk lang niet uitgeput. Denk bijvoorbeeld aan een brug die altijd gepasseerd moet worden als men wil gaan zeilen. Een schip met een gemakkelijk strijkbare mast is dan een zegen. Een ander voorbeeld. Lange zeezwaarden voelen zich niet erg thuis op een thuiswater met geringe diepte, boeierzwaarden doen dat wel; wellicht is een vorm die het midden houdt tussen boeierzwaarden en zeezwaarden een goede mogelijkheid.

Tot slot van deze inleiding een welgemeende raad. Wie na zorgvuldige overweging van alle voors en tegens een schip heeft uitgekozen, neme de tijd om het schip te leren kennen; daar heeft het recht op. Wees niet te snel ontmoedigd. Schipper en schip hebben tijd nodig om aan elkaar te wennen. Zorg goed voor uw schip en houd het in goede conditie. Verbeter wat niet in orde is, zo zal het zijn schipper het beste dienen.

1 DE 6.65 METER GRUNDEL

Historie

Zoals Nederland bestaat uit twee elementen, land en water, zo bestaan de Nederlanders uit twee groepen, boeren en schippers. Dat wil niet zeggen dat ze van beroep boer of schipper zijn, maar wel dat ze in de appreciatie van hun omgeving de voorkeur geven hetzij aan het land, hetzij aan het water. In die zin zijn de advocaat en de drogist, de minister en de kapper en willekeurig wie, òf boer òf schipper. Je kunt ook zeggen dat in elke Nederlander twee mensen wonen, een boer en een schipper. 'Zwei Seelen ach in meiner Brust.' En helaas, helaas, de boer heeft meestal de overhand. Daarom zijn ze erin geslaagd aan de schippers grote delen van hun gebied te ontstelen. Een stemmenmeerderheid gaf hun daarbij de schijn van recht. Er is wat afgepolderd in Nederland en altijd juichten de boeren en treurden de schippers. Zo ontnamen zij de schippers de Schermer, de Beemster, de Purmer, de Wormer. De grote moraalprediker Vader Cats schijnt aan deze diefstal een slordige duit verdiend te hebben. Geld stinkt niet, zal hij hebben gedacht. Maar voor de vissers en de schippers lag dat even anders: hun brood-

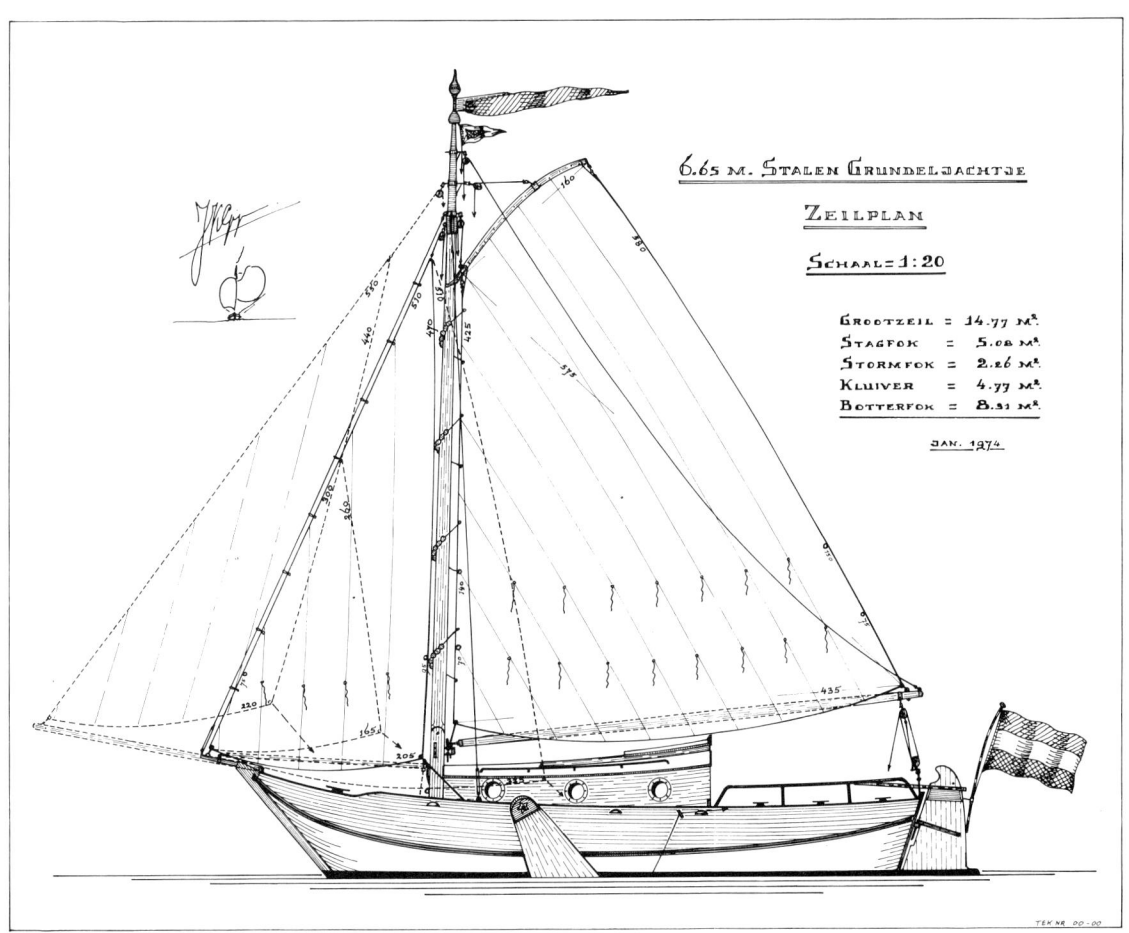

1. Zeilplan 6.65 m grundel met gaffeltuig

winning weg, hun leefgebied kwijt, zeg maar gewoon gestolen. Uiteindelijk moest ook de grote Haarlemmermeer eraan geloven. In de krant lees ik iets over het Cruquius-gemaal bij Haarlem, het mechanische monster waarmee destijds de Haarlemmermeer werd drooggepompt. Er schijnt een tentoonstelling te zijn om dat heldenfeit te vieren. Ik ga er niet naartoe: bij mij geen hoeragevoelens. Die waren er ook niet bij de vissers en de schippers die van hun plek verdreven werden. Wat mij betreft had de Haarlemmermeer geen land hoeven worden, maar water mogen blijven.

Maar al is de Haarlemmermeer verdwenen, van de schepen die er voeren is ons de grundel overgebleven, een markant en waakzaam vaartuig, geschikt om te voldoen aan de niet geringe eisen van de aldaar geldende plaatselijke omstandigheden en uit dien hoofde ook thans nog geschikt voor allerlei andere Nederlandse vaargebieden.

Het is aannemelijk dat vaartuigjes als de grundel al op een vroeg moment in de Nederlandse scheepshistorie ontstonden. Nicolaas Witsen vermeldt in zijn boek *Aaloude en Hedendaagsche Scheepsbouw en Bestier* (Amsterdam 1671...) reeds soortgelijke scheepjes en ruim honderd jaar later, omstreeks 1800, tekent Gerrit Groenewegen herhaaldelijk grundelachtige vaartuigen op zijn aquarellen van scheeps- en zeegezichten.

Een algemeen gebruiksvaartuig

Gebruikseisen waren natuurlijk in de eerste plaats het vissen, zoals overal op de Nederlandse meren, en verder het vervoer van allerlei goederen, landbouwgewassen, aarde, turf en zelfs al in een vroeg stadium het spelevaren. De grundel moest dus voor veel doeleinden geschikt zijn. Nederlandse platbodems kunnen ruwweg in vier categorieën worden ingedeeld: vrachtschepen (onder meer tjalken), vissersschepen (bijvoorbeeld botters), jachten (bijvoorbeeld boeiers) en tenslotte vaartuigen die verschillende taken moesten uitvoeren, zoals de grundel. Een algemeen gebruiksvaartuig werd het dus, niet te duur, maar wel degelijk en vooral weerbaar tegenover het roerige water van dat grote, soms woeste, meer.

Eenvoudige en krachtige romp

De rompvorm die uit het samenstel van eisen en omstandigheden ontstond, of beter nog, evolueerde, imponeert door eenvoud en kracht. De lijnen van de spantdoorsneden zijn recht. Het vlak dat in langsdoorsnede van voor naar achter oploopt tot ongeveer de hoogte van de waterlijn, is in dwarsdoorsnede geheel recht, evenals de daarop aansluitende schuin naar buiten staande zijden. De daarop staande boorden vallen ietwat naar binnen. Aan de achterzijde eindigt de romp in een platte spiegel. Aan de voorzijde sluiten de huiddelen aan tegen een rechte vallende steven, wat behalve een hechte constructie ook een goede weerbaarheid oplevert. De gehele constructie is niet alleen eenvoudig en relatief goedkoop, maar ook doelmatig, gemaakt van rechte planken, die niet behoefden te worden gebrand.

Simpel torentuig of spriettuig

Ook de uitvoering van rondhouten en tuigage was eenvoudig en praktisch. In het begin was er een simpel torentuig of ook wel een spriettuig, aan een mast die erg ver voor in de romp stond. Die mast stond meestal in een doft of koker die vanachter open was, zodat de mast kon worden *omhooggelopen* en met een grendel geborgd.

Aanvankelijk ontbrak de fok. Roeien of bomen was een even belangrijke wijze van voortstuwing als zeilen. Later kwam er een kleine fok, die echter nooit is uitgegroeid tot de grootte van een botterfok. Ook was er geen kluiver of ander ingewikkeld tuigage-

De 6.65 meter grundel

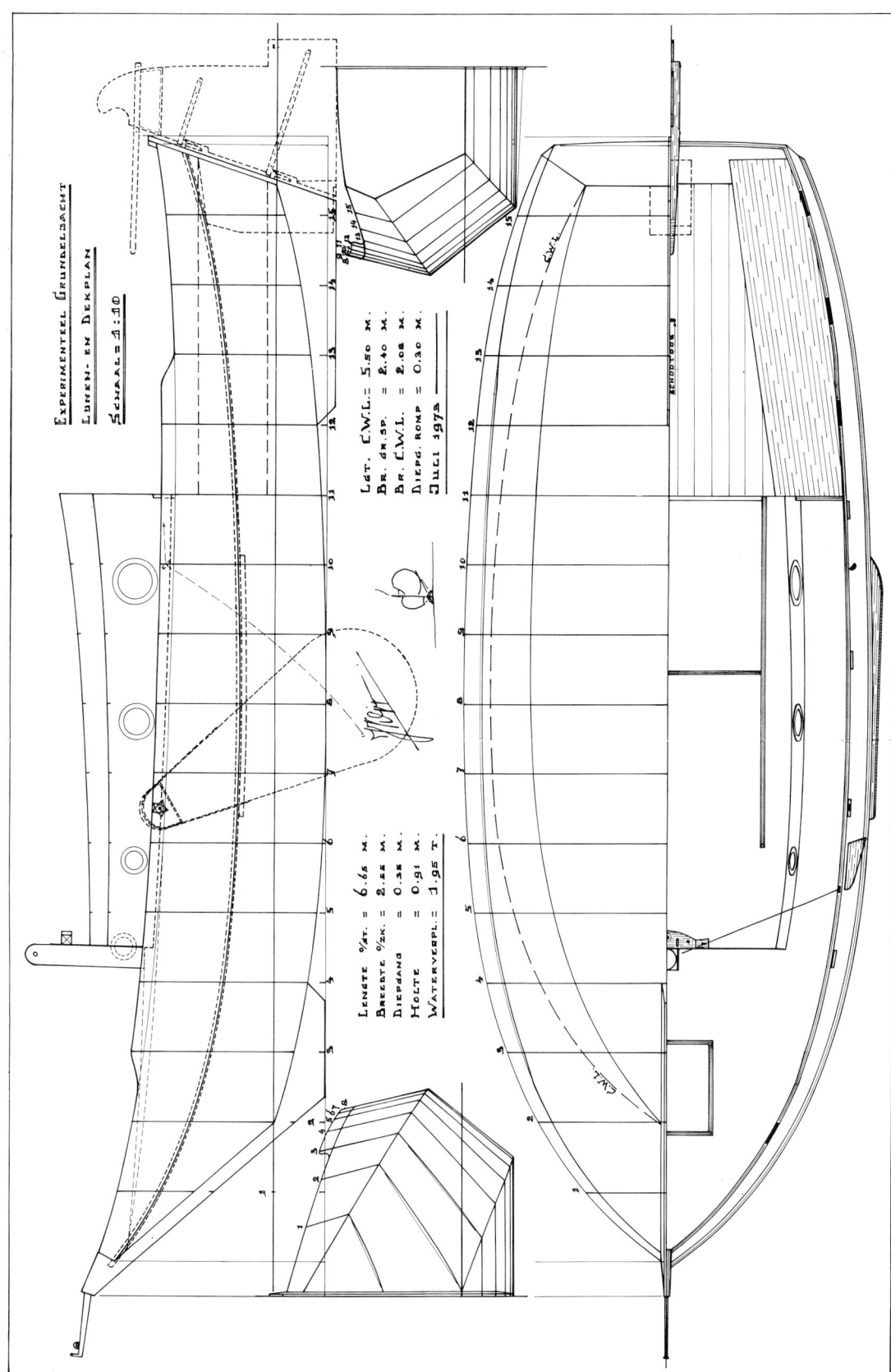

2. Lijnenplan 6.65 m grundel

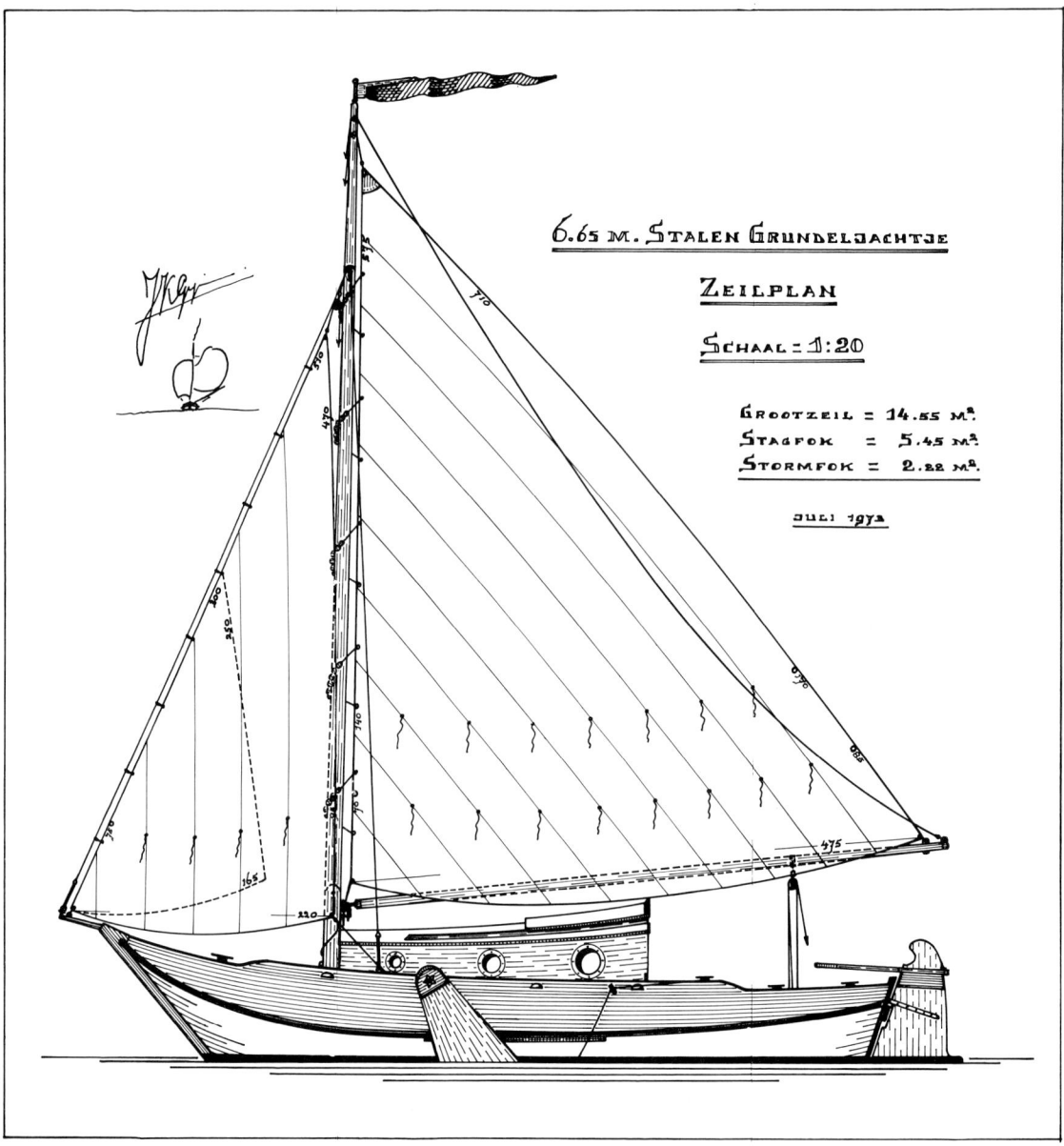

3. Zeilplan 6.65 m grundel met torentuig

onderdeel. Eenvoud troef dus. Bij de latere jachtversie is vaak een gaffeltuig getekend, maar eigenlijk is het torentuig het meest karakteristiek, te meer omdat het hiermee in de platbodemvloot een uitzonderingspositie inneemt.

Omdat de grundel voor allerlei doeleinden werd gebruikt, waren de afmetingen niet aan een bepaalde maat gebonden; zij varieerden met de eisen van de gebruiker. Er voeren kleine grundels van vijf meter, maar ook veel grotere tot zelfs een meter of tien, maar allemaal behielden ze dezelfde karakteristiek zoals die hiervoor werd beschreven.

Familieleden van de grundel

Het is logisch dat elders in Nederland platbodemtypen inheems waren die veel met de grundel gemeen hadden. Zo voer er in het Hollandse plassengebied in de omstreken

4a. Punter met spriettuig

4b. Punter in aanbouw

van de Kaag en de Braassem de *Veense praam*, die qua rompvorm duidelijk een familielid was, net als bijvoorbeeld de *punter* uit het plassengebied in de Kop van Overijssel. De Veense praam en de Overijsselse punter in hun diverse variaties hadden een voor- en een achtersteven, in tegenstelling tot de grundel, waar het achterschip eindigt in een spiegel. Men zegt wel dat in het Zuidhollandse plassengebied de punter ouder is dan de grundel en dat pas later de grundel is opgekomen doordat de achtersteven van de punter door een spiegel werd vervangen. Hoe dit ook zij, op een gegeven moment was de punter in Zuid-Holland verdwenen.

De ontwerper zegt hierover nog het volgende:

'Boten met een voorsteven en een spiegel, een platte bodem en rechte zijden waren ook de Zaanse gondel en een soortgelijk vaartuigje uit Durgerdam. Deze gondels hadden meestal een uitwaaiend boeisel in de kop. In Marken was er een fuikenboot en in Harderwijk een 'punter', die door hun voorkomen tot de familie van de grundel kunnen worden gerekend. Naar mijn smaak waren de Aalsmeerse grundels de mooiste van model, zodat ik deze als voorbeeld heb genomen voor mijn ontwerpen.'

Grundelzwaarden

De zwaarden van de grundel waren plat. De omtrekvorm hield het midden tussen die van het lange smalle zeezwaard en het brede korte boeierzwaard. Ook in het zwaard kwam het karakter van het eenvoudige en goedkope gebruiksvaartuig tot uiting. Er waren minder delen nodig dan voor het brede boeierzwaard terwijl ook de bewerkelijke profilering van het Zuiderzeezwaard ontbrak. Soms was er zelfs slechts één zwaard, dat bij het overstag gaan naar het andere boord werd verplaatst.

De 6.65 meter Gipon-grundel

Bij mijn keuze om als voorbeeld de kleine 6.65 meter grundel te nemen, heb ik verschillende overwegingen laten gelden. In de eerste plaats vond ik dat ik in de serie vaartuigen die in dit boek zijn samengebracht, de plaats van het kleinste schip voor de grundel moest reserveren. Niet dat er geen goede grote grundels zijn, die zijn er zeker, maar een voordeel van het grundeltype is juist dat het ook in kleine afmetingen een bruikbaar jachtje oplevert. Bovendien is het goedkoop en heeft het toch een relatief ruime kajuit. Met andere platbodems is dat lang niet altijd het geval. Een botter van zes of zeven meter zou geen goed kajuitjachtje opleveren, evenmin als een hoogaars van die lengte, zelfs afgezien van de vraag of het wel aanvaardbaar is een groot vissersschip tot die maat te verkleinen. Men hoeft zich slechts voor te stellen wat er zou gebeuren met het toch al lage achterschip van zo'n

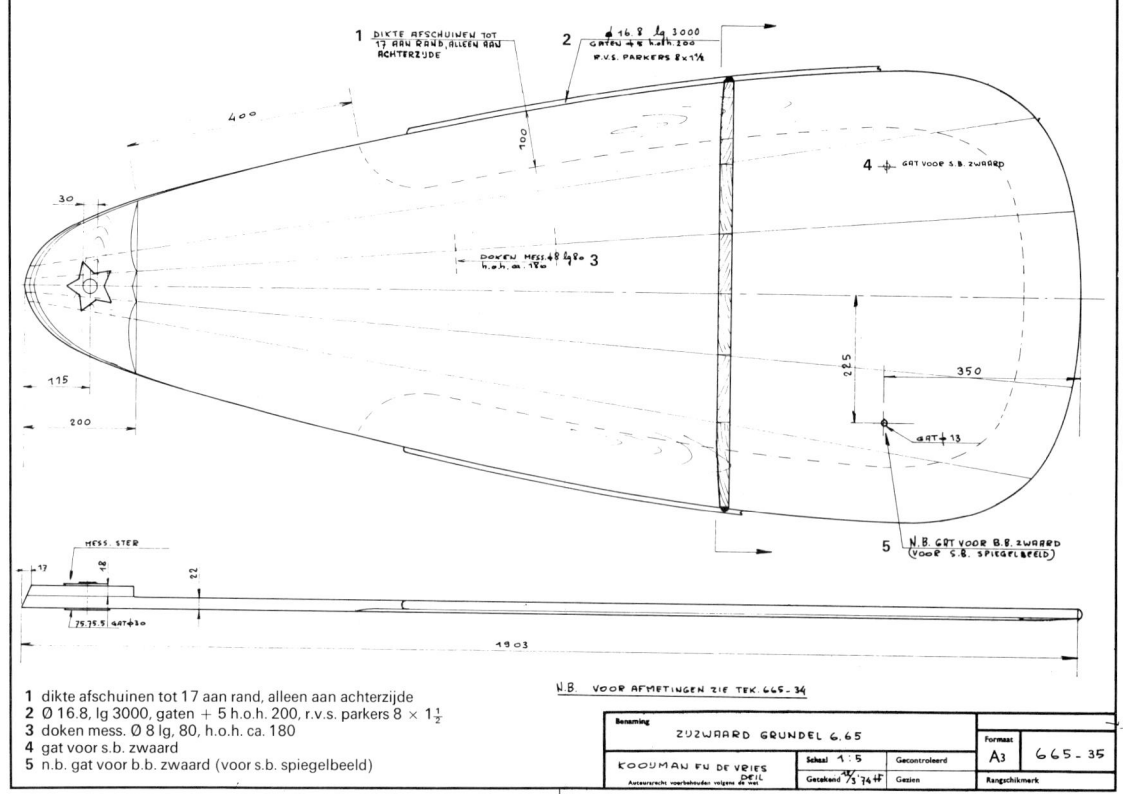

1 dikte afschuinen tot 17 aan rand, alleen aan achterzijde
2 Ø 16.8, lg 3000, gaten + 5 h.o.h. 200, r.v.s. parkers 8 × 1½
3 doken mess. Ø 8 lg, 80, h.o.h. ca. 180
4 gat voor s.b. zwaard
5 n.b. gat voor b.b. zwaard (voor s.b. spiegelbeeld)

5. Werktekening grundelzwaard

botter, of wat er zou overblijven voor een kajuitruimte na aftrek van de lange vallende hoogaarssteven.

De grundel heeft die bezwaren niet. Hij staat daarin weliswaar niet alleen, want er zijn ook andere typen waar dat voor geldt, zoals bijvoorbeeld de kleine Staverse jol. De grundel heeft echter nog een paar voordelen die juist bij een schip met kleine afmetingen van belang zijn: de eenvoudige en dus goedkope bouw en niet te vergeten de ver naar voren geplaatste mast, die een gemakkelijk te hanteren tuigage oplevert en veel lengte overlaat voor de kajuit. Ook is de diepgang zeer gering, zodat hij bijna overal kan varen, hoe ondiep het water ook is. Voor het aanlopen op een strandje aan een randmeer of rivier is de grundel ideaal. Een gezin met kleine kinderen bijvoorbeeld, die nog veel in water en zand willen spelen, is met zo'n kleine grundel uitstekend voorzien. Tenslotte heeft de grundel een zeer bruikbare kuip, omdat het achterschip in een spiegel eindigt.

Degene die zich wil oriënteren omtrent grundels in andere afmetingen, kan dat doen aan de hand van mijn boek *De Giponvloot in tekening* waarin de plannen van een tiental andere grundels zijn opgenomen, in afmetingen variërend van 5.60 tot 9.50 meter lengte over stevens.

Ontwerp

Het ontwerp van de 6.65 meter grundel dat Jaap Gipon in 1972 maakte, laat twee tuigagemogelijkheden zien: een gaffeltuig en een torentuig. Uit historisch oogpunt heeft het laatste de voorkeur, zij het dat er voors en tegens aan zitten wat betreft de vaareigenschappen.

Vaak wordt de fout gemaakt van een klein scheepje te eisen dat het de kwaliteiten

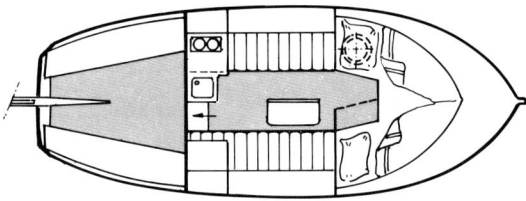

6. Grondplan 6.65 m grundel

zal hebben van een groot schip. Vanwege de handelbaarheid en de kosten wil men een klein bootje, maar stouwt dat vol met zes in plaats van met drie kooien en eist een zeewaardigheid voor groot water terwijl het alleen kleiner water aankan. Het is deze onuitroeibare verkeerde gewoonte die heel wat oude en nieuwe scheepjes grondig bederft. Bouwers, ontwerpers en watersporters hebben allemaal schuld, de watersporters door te veel te eisen, de bouwers en de ontwerpers door te veel aan die eisen toe te geven. De kleine 6.65 meter grundel heeft zich aan deze gewoonte weten te onttrekken.

In de kajuit zijn twee kooibanken voor volwassenen en in het vooronder twee kinderslaapplaatsen. De kajuitafmetingen zijn beperkt gehouden, zowel wat de hoogte als de lengte betreft. De hoogtebeperking betekent dat er niet is gestreefd naar 'stahoogte', terwijl de beperking in lengte een prettig ruime kuip overlaat. Dit maakt de grundel uitermate bruikbaar voor een gezin van bijvoorbeeld twee volwassenen en twee niet te grote kinderen. Het nadeel van de hoogtebeperking wordt gedeeltelijk tenietgedaan door het grote schuifdak – over de gehele breedte van het gangpad – dat stahoogte geeft tijdens het koken. Bij slecht weer houdt een zeiltje over de giek de kookplaats droog.

De getoonde plattegrond geeft een duidelijk overzicht van de totale indeling.

Vaareigenschappen en vaargebied

De algemene karakteristiek is: eenvoud en handzaamheid. Dat vloeit voort uit de op zichzelf kleine afmetingen, maar wordt bo-

7. 6.65 m grundel aan de wind

vendien belangrijk beïnvloed door de voorlijke stand van de mast. Die bewerkt in de eerste plaats dat hij in gestreken toestand slechts weinig achter het schip uitsteekt, wat gemakkelijk is in sluizen. In de tweede plaats wordt de fok hierdoor klein van afmetingen, en dat is handig bij het overstag gaan. Kluiver en botterfok zijn wel getekend, maar worden door het *Stamboek* volgens een nadien genomen beslissing niet meer toegestaan.

De zeileigenschappen van deze grundel zijn gewoon goed, behalve bij tegenwind en golven. In dat geval wordt de vaart van het scheepje erg afgestopt en verlijert het behoorlijk, zoals trouwens alle kleine platbodems plegen te doen. Het grootzeil van het torentuig laat zich gemakkelijker hijsen en strijken door het ontbreken van een gaffel. Daar staat tegenover dat zowel de mast als de giek langer is dan bij een gaffeltuig. De efficiëntie van de beide tuigvormen zal elkaar overigens niet veel ontlopen. Voor de wind varend zal de grundel meer dan andere platbodems te lijden hebben van enige loefgierigheid, omdat de lange giek het zeilpunt dan ver buitenboord brengt.

Wat het vaargebied betreft, heeft de grundel duidelijk zijn plaats als schip voor de meren en de kanalen en niet bijvoorbeeld voor het IJsselmeer. Ik bedoel daarmee niet

8. 6.65 m grundel drooggevallen op een plaat

dat men zich nooit op wat ruimer water zou mogen wagen als de omstandigheden daarvoor geschikt zijn, maar wel dat het IJsselmeer als thuiswater te hoog gegrepen is.

Gebruikservaringen

Gedurende een aantal jaren dat mijn vrouw en ik in Ouddorp aan het Grevelingenmeer woonden, hadden wij de beschikking over de 6.65 meter grundel *Nomade*. Deze was uitgerust met een gaffeltuig en met een 7.5 pk binnenboorddiesel.

Al meteen bij het begin van deze periode werden we geconfronteerd met de moeilijkheid het scheepje in zijn box te parkeren vanwege de heersende dwarswind die in de haven placht te staan. Het aanbrengen van een scheg tot de door het *Stamboek* toegestane hoogte (2% van de waterlijnlengte bij het grootspant en aflopend tot 3% bij de spiegel) loste die moeilijkheid radicaal op.

Het Grevelingenmeer was voor de *Nomade* met zijn geringe diepgang een aangenaam vaarwater omdat de ruimte van het hele meer beschikbaar was. Het overnachten op het meer vormde, ook bij harde wind, nooit een probleem, omdat er altijd wel een oppertje te vinden was om rustig te ankeren.

De familie Oechies uit Wijk bij Duurstede, bestaande uit een echtpaar met twee kinderen van 9 en 11 jaar, vaart de 6.65 meter grundel *Elisabeth* op de rivier de Lek. De *Elisabeth* heeft de gebruikelijke gaffeltuigage en een buitenboordmotor in de bun.

Zeilervaring met de 6.65 meter grundel
Elisabeth
(door Jan Oechies)

Met veel plezier denken wij terug aan onze eerste vakantie naar Friesland. Vanuit Wijk bij Duurstede stroomopwaarts via de Rijn naar de IJsselkop, dan de wonderschone en o zo snelle tocht via de IJssel naar Zwolle om vervolgens door de Overijsselse grachten en plassen Friesland binnen te varen.

De prachtige plaatsen langs de Rijn en Lek bieden een mogelijkheid om met het gezin 's ochtends weg te varen, 's middags de stad te bekijken en wat inkopen te doen, om vervolgens in een zandgat voor anker te gaan of op een strandje vast te lopen.

Een grundel is een leuk schip voor kinderen. Met redelijk weer hebben zij een echte en binnen hun krachten goed uit te voeren taak. Het 'luisteren' naar het schip, het kijken naar de vleugel en het water, maakt hen al vroeg vertrouwd met de primaire elementen van het zeilen. Grappig is dat zij door deze ervaring na twee jaar varen met de grundel al aardig uit de voeten kunnen met hun kleine jol.

Het onderhoud van het schip, mits goed gepland, is goed te doen (het is te overzien). Na de zomer is het verstandig de te transporteren delen van het schip die groot onderhoud behoeven, mee naar huis te nemen, of om het niet zo leuke en zware voorbereidingswerk aan de niet te vervoeren delen van het schip in de nazomer of het najaar te doen. Dit geeft des te meer animo om het winterwerk in het voorjaar, als het weer het toelaat, ter hand te nemen, waardoor er vaak rond begin april alweer kan worden gevaren.

(Wijk bij Duurstede, december 1992)

Korte karakteristiek van de 6.65 meter grundel

Handzaam klein vaartuig met rechte, licht vallende voorsteven en platte spiegel, geschikt voor de meren en de kanalen. Door eenvoudige constructie relatief goedkoop. De mast staat erg voorlijk, zodat de kajuit een flinke lengte kan hebben zonder dat de mast op het kajuitdak staat; de fok is klein en gemakkelijk in het kruisrak. Gaffeltuig en torentuig komen beide voor: het torentuig vertegenwoordigt de oorspronkelijke versie en verdient de voorkeur. De zwaarden zijn plat en wat langer dan de 'boeierzwaarden'.

Algemene gegevens

Ontwerper	J. K. Gipon
lengte over stevens	6.65 m
waterlijnlengte	5.50 m
breedte over strijkklampen	2.60 m
diepgang	0.45 m
waterverplaatsing	$\pm$ 2 ton
grootzeil	14.75 m^2 (gaffeltuig) 14.55 m^2 (torentuig)
stagfok	5.00 m^2 (gaffeltuig) 5.45 m^2 (torentuig)
aantal slaapplaatsen	4
hoogte in kajuit	1.37 m
hoogte onder schuifluik	1.53 m
masthoogte boven water	$\pm$ 7.70 m
kruiphoogte	$\pm$ 1.80 m
hulpmotor	7.5 pk binnenboord of 10 pk buitenboord

2 DE 7.00 METER ENKHUIZER BOL

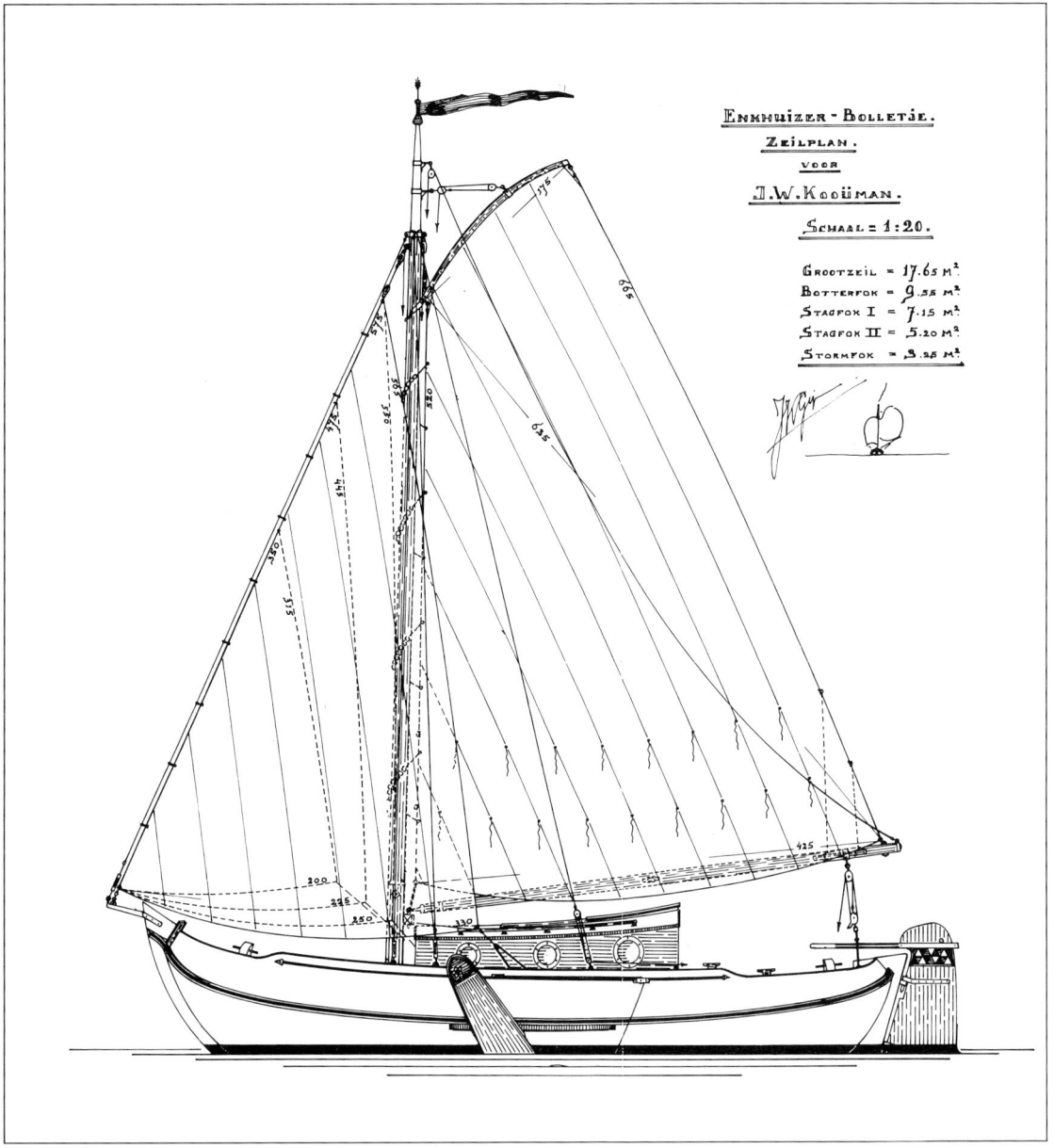

1. Zeilplan 7.00 m Enkhuizer bol

Historie

Enkhuizen, in de Republiek van de Verenigde Nederlanden een belangrijke handelsplaats, ervoer na de goede tijden ook slechte. In de negentiende eeuw was het geworden tot een slapend havenstadje, dromend van het verleden. Verdwenen was de oude glorie, toen zeeschepen af en aan voeren. Toch bleef er, zelfs in de magere jaren, altijd de visserij op de Zuiderzee. Er werd gevist met grote schepen, zoals botters en schokkers, maar vooral ook met kleine vaartuigen, zoals de bolletjes, waar minder kapitaal en mankracht voor nodig was. In diverse plaatsen langs de Zuiderzeekust vond je die kleinere vissersvaartuigen. Elke haven had haar eigen type: Workum, Blokzijl, Vollenhove, Enkhuizen.

Op een zonnige herfstdag in 1992 reizen mijn vrouw en ik naar Enkhuizen op zoek naar gegevens over de daar destijds gebouwde bolletjes. In het grote Zuiderzeemuseum, dat op indrukwekkende wijze een beeld geeft van het verleden, hopen we die te vinden. De heer Fruithof is zo vriendelijk ons op weg te helpen. We stuiten al pratende meteen al op de kwestie van de naamgeving. Daarover is nogal wat verwarring. Is de Enkhuizer bol een ander schip dan de Wieringer bol of is er sprake van een en hetzelfde vaartuig? Het lijkt erop dat de namen Wieringer bol en Enkhuizer bol door elkaar worden gebruikt.

Een brief in december 1966 van de toenmalige directeur van het Zuiderzeemuseum aan de minister van Cultuur, Recreatie en Maatschappelijk Werk bevestigt dat. Hij schrijft dat het museum in de gelegenheid is een in 1902 door scheepsbouwer Lastdrager te Enkhuizen gebouwde Wieringer of Enkhuizer bol aan te kopen. Ook in het artikel in de *Waterkampioen*, waarin mr. dr. T. Huitema de ontdekking van zijn Wieringer bol *Eudia* beschrijft (het destijds voor de schilder W.B. Tholen door Lastdrager gebouwde jacht), worden die namen afwisselend gebruikt en spreekt bijvoorbeeld Zwolsman uit Workum over schepen die 'voor Enkhuizer vissers werden gebouwd naar het model van Wieringer aken, maar kleiner en aangeduid als Enkhuizer bollen'. En tenslotte schrijft Jouke Volgers in 1977 in een artikel in de *Tagrijn*: 'Deze visserij werd geheel uitgeoefend door een grote vloot Wieringer aken. Ook Wieringer bolletjes (Enkhuizer aalbootjes) werden voor deze visserij gebruikt en werden dan net als de aken van een achterdek voorzien.' Ook hier worden dus de woorden Wieringer en Enkhuizer in één adem genoemd. Het is waarschijnlijk dat bij de vissers zelf de simpele aanduiding 'aalbootje' het meest in zwang was, en dat de aanduiding Wieringer bol of Enkhuizer bol meer het werk is geweest van schrijvers die de visserij en wat daarbij behoorde in kaart hebben gebracht. Voorlopig houd ik het erop dat met de namen Enkhuizer bol en Wieringer bol een zelfde soort schip wordt bedoeld, al wijst de heer Fruithof ons op de mogelijkheid van verder onderzoek. Die mogelijkheid is er wellicht bij de werf van Lastdrager die destijds is voortgezet door Stapel, een bedrijf dat tenslotte verhuisde naar Spaarndam. Aldaar en ook in het Scheepvaartmuseum te Amsterdam zijn wellicht verdere gegevens te vinden. Ik neem mij voor die te gaan zoeken, maar eerst staat op het programma de bezichtiging van de WR 78, de door het museum in 1966 aangekochte Wieringer of Enkhuizer bol.

Wij vinden het schip in een opslagloods, waar nog meer schepen op restauratie liggen te wachten. Het is 7.68 meter lang en 3.02 meter breed en in slechte staat. Ik noteer de volgende kenmerken: een vlak, dat bij het grootspant een geringe ronding vertoont, maar dat op de zijden aansluit met een duidelijke kim. Naar voor en naar achter loopt de hoekige kim weg in een rond voor- en achterschip. Er is een zeer stoere voorsteven, met een snoes en met een tamelijk kleine loefbijter. Het boeisel is breed

2. De WR 78, een Wieringer- of Enkhuizer bol van 7.68 × 3.02 m (foto Zuiderzeemuseum)

en heeft ook een flink opboeisel, dat begint achter de voorbolder en eindigt net voorbij de bun. De zwaardhaak zit bij het mastschot. De zwaarden zijn kort en geprofileerd, maar voor zeezwaarden nogal breed. Het berghout is in de midscheeps wel fors wat de hoogte betreft, maar nogal plat. Het heeft daar een dikte van slechts een paar centimeter, maar wordt breder in de boegen om tenslotte naar de stevens toe weer platter te eindigen. Het is in de boegen wel mooi afgerond. Het vooronderdeurtje zit aan stuurboordzijde. Het gehele achterschip is gedekt tot op de hoogte van de bovenkant van de bun, dat de indruk maakt later te zijn gebeurd. De roerkop heeft wat weg van die van een tjotterroer. Er is een klein achterdekje met luiwagen. De totale indruk is die van een stoer en zwaargebouwd scheepje, dat vooral boven water familieverwantschap toont met de veel grotere Wieringer aak, al is ook het onderhavige vaartuig met zijn lengte over stevens van 7.68 meter en zijn niet geringe breedte van 3.02 meter een weerbaar exemplaar.

Later onderzoek levert bij de werf Vooruit in Spaarndam, opvolgster van de werf Stapel, nog een interessant gegeven. Het ons door de werf welwillend toegezonden boekje *75 jaar op Stapel* vermeldt dat in de werfboeken is ingeschreven de visaak *Op hoop van zegen*, gebouwd in 1913 voor A. van Weelde te Enkhuizen. Deze visaak heeft kleinere afmetingen dan de WR 78, namelijk een lengte van 7.30 meter en een breedte van 2.94 meter. In een oude schepenlijst van de Stichting Stamboek Ronde en Platbodemjachten vind ik de Enkhuizer bol *Breebank* met een lengte van 7.50 meter en gebouwd in 1912 door Stapel te Enkhuizen. Zou dat dezelfde zijn?

Ontwerp

Aan deze kleinere maat heeft de ontwerper, J. K. Gipon, kennelijk gedacht toen hij op mijn verzoek in de jaren zestig twee Enkhuizer bollen ontwierp, een van 7.00 meter en een van 7.35 meter. Het is van deze twee het 7.00-meter exemplaar dat ik in dit hoofdstuk uitvoeriger wil bespreken, omdat het qua afmetingen goed past in de lijn van het boek.

De kleine Enkhuizer bol is erg geschikt als platbodemjachtje. Wie bij het ontwerpen van een traditioneel jacht een bepaald scheepstype als voorbeeld neemt, doet er verstandig aan zich niet te ver te verwijderen van de afmetingen die dat type oorspronkelijk had. Er zijn wel traditionele schepen die zich gemakkelijk laten vergroten of verkleinen – de Lemsteraak is er zo een –, maar vaak lukt dat niet zonder het type geweld aan te doen. De van oorsprong kleine afmetingen van de Enkhuizer bol zijn dus op zichzelf al gunstig. Door zijn rompvorm is de Enkhuizer bol met zijn ronde vormen wel duurder in bouw dan een schip dat geheel van vlakke plaat kan worden geconstrueerd, maar de romp is niet helemaal rond zoals bij de Lemsteraak of de boeier. De 7.00 meter Enkhuizer bol heeft, net als de meeste andere bolletjes, een plat vlak, dat de bouw enigermate vereenvoudigt. Het platte vlak heeft naast het kostenaspect nog een voordeel; het komt de accommodatie ten goede, omdat de 'stahoogte' volledig kan worden benut als het vlak van dikke plaat wordt gemaakt.

Dat platte vlak is trouwens uit scheepshistorisch oogpunt een omstreden kwestie. Sommigen hanteren een heel eenvoudige regel en zeggen: aken zijn rond en bollen hebben een plat vlak. Ze zien dan echter wel het platte vlak van de Wieringer aak over het hoofd en vergeten tevens de als jacht gebouwde Wieringer bol *Eudia* die geheel rond is. De ontwerper zegt hierover: 'Je moet dat rond of plat niet al te academisch beschouwen. De *Eudia* werd als jacht gebouwd en daarom rondspantig genomen, maar dat was voor een visserman een te dure bouwwijze en had nadelen voor de ingebouwde visbun.'

Een zwager van de ontwerper, de zeilma-

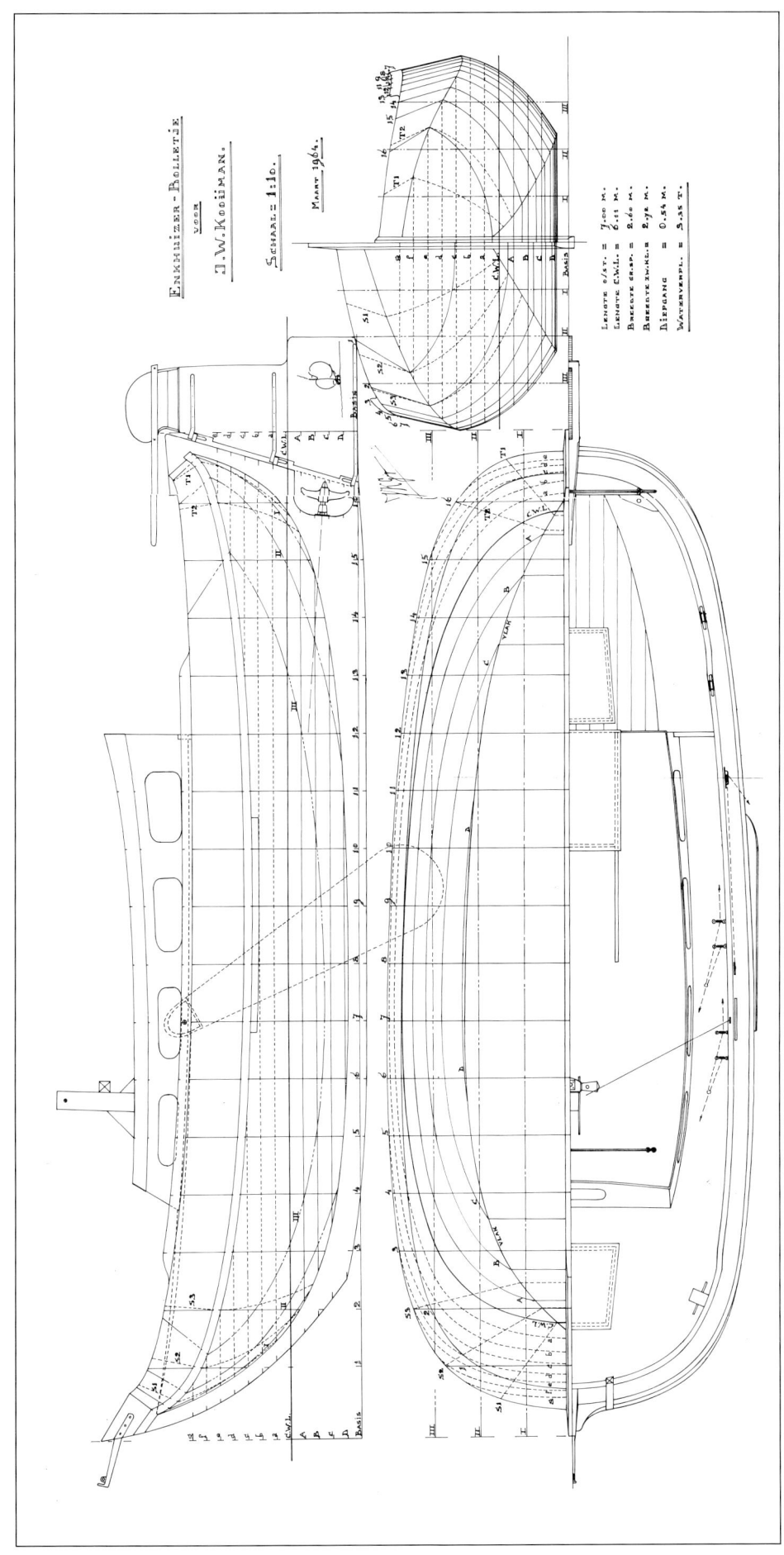

3. Lijnenplan van de 7.00 m Enkhuizer bol *Cadans*

4. Een vooroorlogse foto van het 'eelbootje' van Hein Kersken jr., 7.50 × 3.00 m (foto Gipon)

ker Hein Kersken, had in de jaren dertig een dergelijk eelbootje gekocht en verbouwd tot jacht. Deze bol was 7.50 meter lang en 3.00 meter breed op het berghout en had een plat vlak met een kleine visbun.

Inrichting van de 7.00 meter Enkhuizer bol
Cadans

De gekozen hoofdmaten van het bolletje werden 7.00 × 2.60 × 0.54 meter. De inrichting werd toegesneden op maximaal vier personen, daarbij uitgaand van een gezin bestaande uit een echtpaar met twee kinderen. Door de brede volle kop kon er een tweepersoons dwarskooi in het vooronder komen, wat in vergelijking met langsscheepse kooien een besparing van ongeveer 80 centimeter opleverde die geheel aan de kajuitlengte ten goede kwam. De kajuit werd hierdoor ca. 2.40 meter lang. Voor de rest van de indeling wordt verwezen naar de afgebeelde plattegrond. Voor de kajuitopbouw tekende de ontwerper twee mogelijkheden, een korte kajuit met ronde ramen en een langere kajuit met de mast op het kajuitdak en met langwerpige ramen met grotere lichtopbrengst. De lengte van het kajuitgedeelte voor de mast is trouwens be-

scheiden: slechts 50 centimeter. Van alle naar dit ontwerp gebouwde Enkhuizer bollen hebben de meeste die verlengde kajuit en de grote ramen, zoals destijds gebruikelijk was.

HISWA 1965

De casco's van de eerste 7.00 meter Enkhuizer bollen werden gebouwd door Willem van der Torre (Jachtwerf Delta) in Brielle, een man met grote kennis van zaken. Hij deed dat met veel zorg. Bij dit werk moesten nogal wat technische vragen beantwoord worden, omdat de bouw van stalen platbodemjachten na de Tweede Wereldoorlog nog niet echt gebruikelijk was. Een van die vragen was: overnaads of niet? In gezamenlijk overleg werd besloten van niet, omdat het lassen van de stalen platen bij voorkeur tegen elkaar en niet over elkaar moet gebeuren. Om de constructie zoveel mogelijk in overeenstemming met het gebruikte materiaal en met de gebezigde lasmethode te houden, werd de overnaadse bouwmethode verworpen. Lassen van stalen platen is iets anders dan het klinken van ijzeren platen, zoals bij tjalken gebeurde en dat mocht, nee dat moest, in het eindresultaat tot uitdrukking komen. Later, toen het *Stamboek* zijn voorkeur voor de overnaadse bouwwijze uitsprak, is die voorkeur gevolgd, omdat er nu eenmaal een centrale instantie moet zijn, die de richting aangeeft, maar het was wel met een beetje pijn in het hart.

Toen in 1965 de 7.00 meter Enkhuizer bol *Cadans* als eerste stalen platbodemjachtje op de HISWA werd getoond, was de belangstelling overweldigend. Ik heb goede herinneringen aan de gesprekken die ik onder andere had met een drietal 'voortrekkers' van het platbodemgebeuren, ir. J. Loeff, de toenmalige hoofdredacteur van de *Waterkampioen*, A. J. van Waning, voorzitter van het *Stamboek* en A. de Boer, ontwerper van het Prinsessejacht *De Groene Draeck*. Loeff

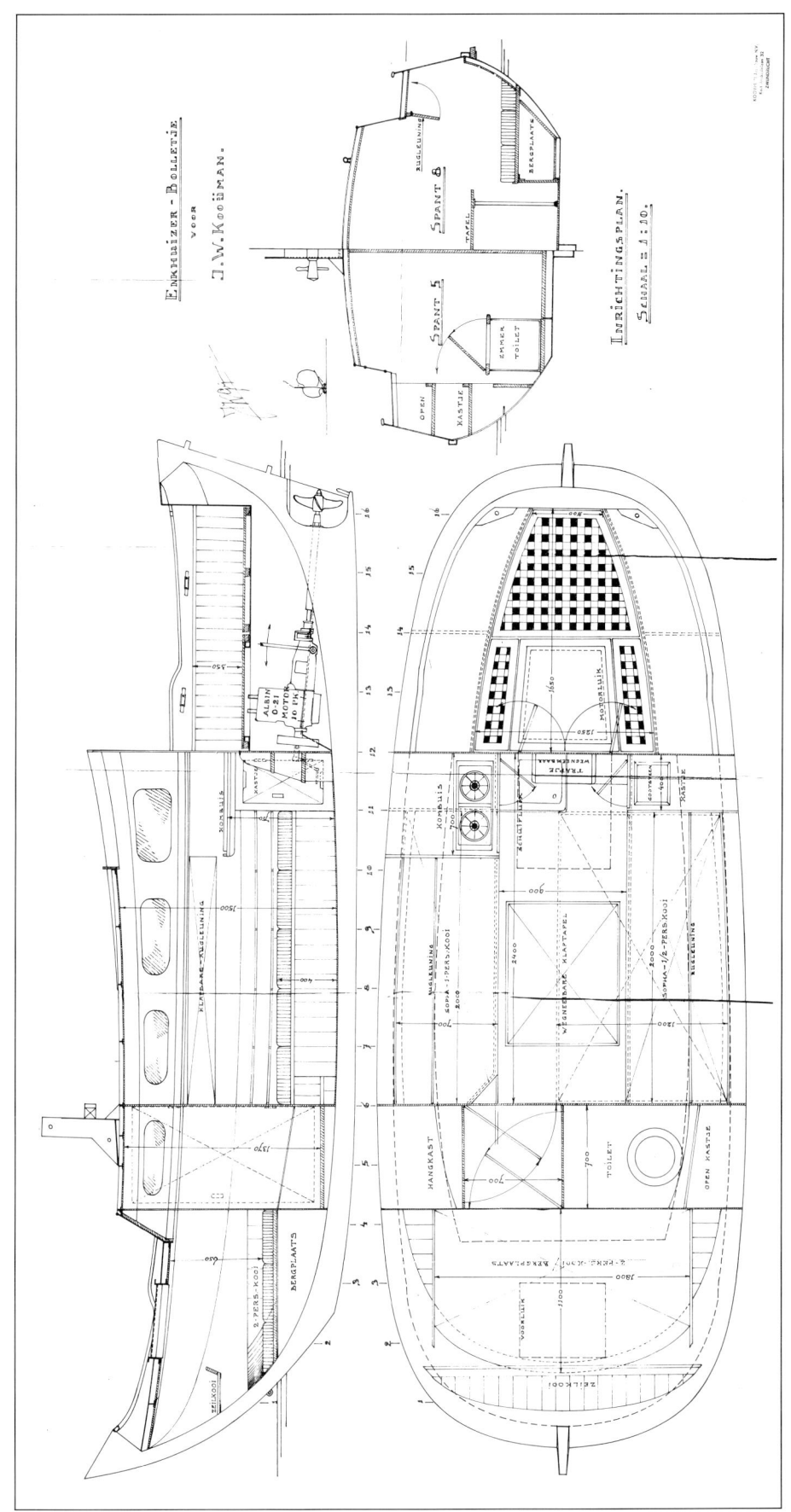

5. Inrichtingsplan van de 7.00 m Enkhuizer bol *Cadans*

vond het scheepje geloof ik wel wat klein in vergelijking met zijn 8.75 meter houten Vollenhover bol *Goetzee*, maar was niettemin vol lof over de beschikbare binnenruimte. Van Waning toonde veel belangstelling voor alle details die hij nauwkeurig in zich opnam, en complimenteerde ons met de oplossingen die wij voor verschillende constructieproblemen hadden gevonden. Lemsterakenbouwer De Boer was eveneens enthousiast. Ik herinner mij zijn uitspraak over het vlak, die voor een ontwerper van Lemsteraken met ronde spantvorm opmerkelijk genoemd mag worden. Hij prees de harde kim, gevormd door de aansluiting van de zijden aan het platte vlak, 'omdat', zei hij, 'het scheepje daarop zeilt'.

De HISWA was voor ons ook een zakelijk succes; wij verkochten een flink aantal exemplaren, inclusief het tentoonstellingsscheepje, de *Cadans*. Het werd verkocht aan de familie Vegter uit Groningen, echter onder de conditie dat mijn vrouw en ik er met ons gezin gedurende onze vakantie zelf mee mochten zeilen.

6. De 7.00 m Enkhuizer bol *Bolle Bertha* van de familie De Graaf (foto Paul Licht)

Vaareigenschappen en vaargebied

Wat de zeileigenschappen van de Enkhuizer bol betreft, kan worden gezegd dat die in redelijk vlak water heel behoorlijk zijn. Zolang het volle tuig gevoerd kan worden, zeilt de 7.00 meter Enkhuizer bol op een wijze die alle lof verdient. Het getekende zeiloppervlak met een grootzeil van 17.60 m² en een botterfok van 9.50 m² is ruim voldoende. Dat desondanks de zeileigenschappen in hun totaliteit geen uitmuntend cijfer kunnen krijgen, ligt aan het feit dat bij zwaar weer de hoog-aan-de-windprestaties van deze kleine bol duidelijk afnemen. Zodra er flinke golven staan, wordt de snelheid van het scheepje tengevolge van de brede kop behoorlijk afgeremd. De vaart gaat eruit en het verlijert sterk, te meer als ook nog de efficiency van het tuig door het reven is verminderd. Bij platbodems is die volle kop steeds een negatieve factor als er hoge golven staan, maar bij grote jachten zijn de gevolgen minder erg, omdat die doorzetten door hun gewicht. Hoe groter en zwaarder het platbodemvaartuig, hoe minder het van deze ongunstige situatie te lijden heeft. Voor de kleine Enkhuizer bol – circa 3.35 ton waterverplaatsing – speelt dat nadeel nog in volle omvang.

De beoordeling van de zeewaardigheid houdt nauw verband met het vaargebied. In het schema van hoofdstuk 20 van het eerder vermelde Gipon-boek heb ik, uitgaande van een grens van 4 ton waterverplaatsing, deze Enkhuizer bol ingedeeld bij de typen geschikt voor de meren, rivieren en kanalen. Dat lijkt een beetje vreemd voor een scheepje van de Zuiderzee. Men moet echter bedenken dat het hier ging om een gedeelte van de Zuiderzee dat meestal onder de beschutting van de hoge wal lag, en voorts dat we te maken hebben met een klein exemplaar van het betreffende scheepstype. De indeling betekent geenszins dat men zich nimmer op het IJsselmeer zou mogen wagen. Het betekent wel dat men als vaste ligplaats liever geen IJsselmeerhaven moet kiezen, omdat anders het scheepje te vaak binnen zou moeten blijven of onder te ongunstige condities zou moeten varen.

De conclusie van een en ander is: geen schip om permanent mee op IJsselmeer of wad te varen, maar wel fijn voor niet al te ruw water, inclusief de grotere meren, zoals de Grevelingen en de Fluessen, en de grote rivieren, zoals Hollands Diep en Haringvliet.

Handzaamheid

Alles heeft zijn keerzijde. Een groot schip mag dan zeewaardiger zijn, deze kleine Enkhuizer bol is de winnaar wat handzaamheid betreft: gemakkelijk te hanteren mast en zeezwaarden, een gematigd zeiloppervlak, licht op de helmstok, kleine doorvaarthoogte met staande en met gestreken mast. Een belangrijk voordeel vind ik ook dat men zittend aan het roer over de kajuit heen kan kijken. Het is onnodig om te gaan staan voor een beter uitzicht.

De mast staat op ca. 2.30 meter achter de steven. De fok is klein en goed hanteerbaar, wat eveneens een bijdrage is aan het totale karakter van handzaamheid.

Een Enkhuizer bol vaart thuis

In 1990 verkochten wij onze Staverse jol, die ons wat zwaar begon te worden. Niet dat het zeilen ermee te zwaar werd, maar het waren meer de bijkomende dingen, zoals het anker binnenhalen en de mast overeind zetten. Het was tenslotte een scheepje van bijna 5 ton waterverplaatsing en de jaren begonnen bij mij te tellen. Kortom, wij wilden kleiner, een kleine grundel bijvoorbeeld.

Soms echter, neemt het lot je bij de hand en stuurt je in een andere richting. Rondkijkend naar een kleiner vaartuig zagen wij op een gegeven moment dat er op de Westeinder een 7.00 meter Enkhuizer bolletje te koop was, dat oude herinneringen opriep aan de *Cadans* uit 1965. En wat blijkt? Het is de *Cadans*, die daar als het ware op ons ligt te wachten. Je kunt je ogen nauwelijks geloven. De rest laat zich raden. Na vijfentwintig jaar worden wij opnieuw eigenaar van het scheepje waarmee wij in 1965 voor de eerste maal op de HISWA stonden en waarin wij daarna enkele heerlijke weken hebben gevaren. Het heeft nog het oude katoenen tuig en, o wonder, nog het eerste verfschema.

Ik ben het gaan halen met mijn oudste dochter, thans een dame van 36 jaar, die ook als meisje van elf al aan de helmstok had gestaan. Zoiets maak je maar één keer in je leven mee. De *Cadans* heeft nu ligplaats vlak bij ons huis, waar de rivier haar naam van Rijn verandert in Lek, namelijk

7. De *Cadans* in een grindgat langs de Lek

bij Wijk bij Duurstede. Dankzij onder meer de geringere breedte van 2.60 in plaats van 2.90 meter, is het schip met zijn waterverplaatsing van 3.35 ton duidelijk kleiner dan onze Staverse jol, zodat we er nog een aantal jaren mee hopen te varen. Wel waren er een paar voorzieningen nodig, die met genereuze hulp van vrienden en verwanten werden getroffen. De oude benzinemotor moest worden vervangen, evenals de uitlaat en de brandstoftank. Het later aangebrachte teakhouten dek werd er afgehaald, want het was in slechte staat, maar de gangboorden kwamen er ongeschonden onderuit. Wij hebben er nu tot onze volle tevredenheid alweer een paar seizoenen mee gevaren, tochten naar Biesbosch, Haringvliet en Grevelingen, die ons het gevoel geven over een fijn scheepje te beschikken, dat ons niet in de steek zal laten en dat ons voorlopig goed zal dienen. Soms denk ik dat wij niet zomaar de *Cadans* hebben teruggevonden, maar dat het scheepje ons op geheimzinnige wijze daartoe heeft aangezet. Wie zei er dat platbodemzeilers romantici zijn?

Korte karakteristiek van de 7.00 meter Enkhuizer bol

Klein Zuiderzeevissersvaartuig van de hoge wal. Minder stoer dan de Vollenhover bol van de overkant. Fraai, enigszins boeierachtig voorkomen. Gemakkelijk hanteerbaar vanwege de beperkte afmetingen. Vaargebied: alle meren en kanalen, het IJsselmeer echter met reserve. Zwaarden: zeezwaarden of een tussenvorm tussen zee- en boeierzwaarden.

Algemene gegevens

Ontwerper	J. K. Gipon
lengte over stevens	7.00 m
waterlijnlengte	6.11 m
breedte op grootspant	2.60 m
breedte over strijkklampen	2.72 m
diepgang	0.54 m
waterverplaatsing	$\pm$ 3.35 ton
grootzeil	17.65 m^2
botterfok	9.55 m^2
stagfok	7.15 m^2
stormfok	3.25 m^2
aantal slaapplaatsen	4
hoogte in kajuit	1.50-1.55 m
hoogte onder schuifluik	1.70 m
masthoogte boven water	$\pm$ 8.80 m
kruiphoogte	$\pm$ 1.80 m
hulpmotor (binnenboord)	10 à 12 pk

3 DE 7.50 METER FRIESE KAJUITSCHOUW

Historie

De historie van de Friese schouw gaat ongetwijfeld heel ver terug, al is moeilijk te achterhalen hoe ver. Een theorie is dat de schouw zich heeft ontwikkeld uit het vlot. Men maakte een vlakke bodem en zette daarop voor en achter en aan de zijden rechte planken, een eenvoudige manier om laadvermogen te creëren en het water buitenboord te houden. De huidige houten schouwen zijn weliswaar ver verwijderd van die eerste simpele vorm, maar ze zien er nog steeds eenvoudig uit, omdat ze gemaakt zijn van rechte planken die niet rond worden gebrand, en die voor en achter aansluiten op een plat voorbord en een platte spiegel.

Ondanks de hoekige vorm hebben ze zich ontwikkeld tot sierlijke schepen met constructies van gangen en spanten die in de houten traditionele scheepsbouw een hoogtepunt betekenen.

Hout

Hoe komt het dat een houten Friese boeier of schouw behoort tot het mooiste wat op scheepsbouwgebied in Nederland is gemaakt?

In mijn geboorteplaats Vianen aan de Lek heb ik jarenlang twee tjalken achter elkaar in het Merwedekanaal zien liggen, een houten en een ijzeren. Ze waren eigendom van een turfhandelaar, die ze als opslagruimte en tevens als woning gebruikte. Als kind al realiseerde ik mij dat de houten tjalk veruit de mooiste was. Vlak na de Tweede Wereldoorlog lag hij er nog, maar plotseling was hij verdwenen. Waarschijnlijk verkocht voor de sloop. Je kunt het je nauwelijks voorstellen: een historisch monument dat wij zomaar tot brandhout hebben laten slaan.

Vaak heb ik erover nagedacht hoe het kwam dat van twee gelijkvormige schepen het houten schip zoveel mooier was dan het ijzeren. Ik denk dat ik de reden weet. Als mensen bezig zijn uit een zeker materiaal iets te maken, ontstaat slechts dan een voorwerp van schoonheid als er meesterschap is in het zien en meesterschap in het bewerken. De scheepsbouwer moet de lijnen van het schip eerst voor zijn geestesoog hebben gezien en vervolgens moet hij de ambachtelijke vaardigheid hebben om die visie in het gebruikte materiaal te realiseren. Echter, er komt nog iets bij. Een bepaald materiaal, in dit geval het hout, vereist constructies die eigen zijn aan het karakter van het materiaal. Eisen van schoonheid in vorm en lijn mengen zich met eisen van degelijkheid en duurzaamheid. Bepaalde constructies moesten zó gebeuren en niet anders. Zo kreeg het houten schip zijn mede door het materiaal vereiste aanzien en karakter. Het zien van zo'n houten schip roept een zekere onontkoombaarheid op: zo moet het. De eenheid van vorm en constructie leidde tot een onweerlegbare authenticiteit, die alle twijfel wegneemt, het zoekend oog geruststelt, en verstand en hart zonder reserve overtuigt.

Hoe is dat met ijzer of staal? Toen men ijzeren schepen begon te bouwen, deed men dat ten dele met constructies die uit de houtbouw waren afgeleid: de doosstevens, de berghouten, plaats en aantal van de spanten, enzovoorts. Dat kon omdat ijzer flexibel reageert op menselijk ingrijpen; je kunt het rondkloppen, buigen, klinken, en wat het latere staal betreft, lassen. Het laat toe

1. De 7.70 m Friese kajuitschouw *Vrouwe Rixt* van de familie Smit

dat het constructiemethoden krijgt opgedrongen die anders zouden zijn uitgevallen, indien men uitsluitend van het karakter van het nieuwe materiaal zou zijn uitgegaan. Dat geeft een stukje oneerlijkheid, want er is een zekere mate van logica en onontkoombaarheid verloren gegaan die er bij het hout wel was. Het oog van de beschouwer registreert dat wellicht nauwelijks, maar zijn hart voelt het wel. En dat is de uiteindelijke oorzaak dat een houten schip mooier kan zijn – ik spreek niet over beter – dan een ijzeren of een stalen.

Schoonheid is waarheid, zei een filosoof, en hij had gelijk. Misschien komt eens de tijd dat de staalbouwers zo onontkoombaar in overeenstemming met het gebruikte materiaal gaan construeren, dat hun schepen de houten voorgangers evenaren. Sommigen zijn al begonnen die weg op te gaan. Dit alles is mijn antwoord, als ik hoor zeggen dat hout mooier is dan staal en men op de vraag naar het waarom geen antwoord heeft. Overigens heeft schoonheid altijd haar prijs: een goed onderhouden blank gelakt houten schip is mooi, maar laat het onderhoud niet sloffen, want een verwaarloosd houten schip is niet om aan te zien.

Ontwerp

Als we de loods van Jachtwerf Joh. van der Meulen en Zn. BV in Sneek binnenkomen, ruikt het er heerlijk naar gezaagd en geschaafd hout, een geur die zich mengt met die van bruine teer. Het Statenjacht *Friso* ligt er voor reparatie en achter de loods ligt een boeier die een opknapbeurt krijgt. Een schouw is er momenteel niet, daarvoor moeten we naar de schiphuizen. Daar liggen er verscheidene die een vaste box hebben, en verder de jachten van de verhuurvloot.

Samen met Johannes van der Meulen en

2. Een voorbeeld van een grotere Van der Meulen-schouw (9.00 m)

zijn vrouw lopen wij eerst naar het kantoor voor wat informatie. Is er een ontwerptekening van de 7.50 meter kajuitschouw beschikbaar? Nee, die is er niet en die komt er ook niet, want de schouwen worden op het oog gemaakt. Slechts de lengte en de breedte staan vast. Voor de rest werkt Van der Meulen, net als zijn voorganger op de werf te Joure, Eeltje Holtrop van der Zee, volgens diens trotse devies: 'Myn each is myn rij', mijn oog is mijn maatstok. 'De kajuitschouw,' zegt hij, 'heeft zich als het ware vanzelf ontwikkeld uit de open schouw. Al voor de oorlog werden kajuitschouwen gemaakt, onder anderen door Postma en Hartog. Wij maken op dit moment kajuitschouwen in maten van zes tot acht meter, afgezien van de grotere zeeschouwen.'

Een schouw is in vier fasen leverbaar, te beginnen met het casco met alle hout en toebehoren voor verdere afbouw, en eindigend met het complete zeilklare schip, inclusief de motor. In de bouwbeschrijving lees ik:
Romp: eiken of iroko, roestvrij geschroefd en afgedopt. *Dek*: massief teak, naden gerubberd. *Onderwaterschip*: gebreeuwd en geteerd (teer of epoxyteer naar wens). Onder water worden de naden nog gebreeuwd op de oude manier met breeuwkatoen, dat blijft zo goed dicht. Boven water wordt twee-componentenrubber gebruikt. *Rondhouten*: Oregon mast en giek, mast met contragewicht, gaffel essen. *Beslag*: roestvrij staal. *Tuigage*: essehouten blokken met binnenbeslag, touw gripolene. *Zeilen*: dacron wit of bruin. *Motor*: binnenboord, of buitenboord in bun. *Betimmering*: massief eiken. *Indeling*: in overleg met opdrachtgever. *Ramen*: ovale patrijspoorten, voorin ronde uitklapbare. *Aanrecht*: RVS gasstel, gootsteen met kraan, tachtig-liter watertank, gasfles in bun.

De beschrijving laat zien dat enerzijds het oude bouwsysteem wordt gehandhaafd en dat anderzijds een bescheiden en selectief gebruik wordt gemaakt van moderne verworvenheden. Zo zijn de blokken van hout, maar heeft men voor de zeilen verstandig de keus laten vallen op het tegenwoordig gebruikelijke dacron. De mast is onderdeks strijkbaar met contragewicht en uitwip. Het kan niet worden ontkend dat zo'n mastvoet in het vooronder een sta-in-de-weg is, maar wie in ons van bruggen vergeven vaderland een vaartocht heeft gemaakt met een mast met contragewicht, zal enthousiast zijn over de snelheid en het gemak waarmee het maststrijken gaat. Wie erg veel bruggen in zijn gebruikelijke vaargebied heeft, moet die oplossing op zijn minst overwegen, al zal de werf stellig ook bereid zijn een schip te bouwen met een bovendeks strijkbare mast.

Het beslag is gegalvaniseerd, maar voor de rug van het roer en de koppen van de zwaarden is het beslag van geel koper.

De schepen worden 's winters niet uit het water gehaald, want, zegt Van der Meulen: 'Ik heb nog nooit meegemaakt dat een schip door vorst ernstig werd beschadigd als het rustig op het water lag.'

Wat de inrichting betreft, heeft de 7.50 meter kajuitschouw normaal gesproken plaats voor vier personen. De indeling voorziet dan ook in vier slaapplaatsen, een afgesloten toilet, gootsteen- en aanrechtkastje en tenslotte flink wat bergruimte. De opdrachtgever kan overigens ten aanzien van de indeling wensen kenbaar maken, die mogelijk kunnen worden vervuld, vooropgesteld dat die het schip geen schade doen. Zo is er een stahoogte van ca. 1.55 meter; hoger maakt Johannes van der Meulen de kajuit van deze schouw niet.

De werf

De Van der Meulens die zich met de scheepsbouw bezighielden, zijn:
Tjeerd Douwes (1804-1867)
Hendrik Tjeerd (1836-1901)
Johannes (1872-1958)
Tjeerd (geboren 20 januari 1908)
Johannes (geboren 9 september 1936)
Henk (geboren 20 september 1966)

De eerste uit die rij, Tjeerd Douwes, oefende het aloude specifiek Friese vak van 'skûtmakker' uit. Aan een historisch overzicht ontleen ik het volgende: 'Voor de uitoefening van dit ambacht beschikte hij over een houten praam, waarin hij naast zijn scheepmakersgereedschap en -materiaal een lange en zware houten goot en een drie- of vierschijfstakel met lange sleepdraad vervoerde. Met deze praam reisde Tjeerd de skûtmakker zeilend, jagend of bomend zijn boerenrelaties af. Bij een boerderij waar een karwei voorhanden was, legde Tjeerd zijn praam langs de oever.

Met vereende krachten van skûtmakker en boerenknechts werd de zware goot gelost en stevig dwars op het vaarwater opgesteld. Vervolgens werd met behulp van sleepdraad en kabel het vaartuig ter reparatie op de hellinggoot gesleept. Deze wat omslachtig lijkende werkwijze was duidelijk aangepast aan de toenmalige gang van zaken. De boer kon zijn veelal enige grote praam moeilijk missen. Zijn gehele bedrijfsvoering ging immers over het water: vee, melk, kaas, hooi, mest en spoeling. Zo hoefden de (boeren)-klanten hun bedrijfsvaartuigen slechts hoogstens twee dagen te missen.'

De reizende skûtmakker moet in Friesland een oud en welbekend beroep zijn geweest.

De zoon Hendrik Tjeerd werd hellingbaas op de Skûtmakkerspolle bij Terkaple, welke helling hij omstreeks het jaar 1900 verwisselde voor de helling in Broek bij Joure. Toen hij in 1901 overleed, volgde zijn zoon Johannes hem daar op. In 1940 vond wederom een verhuizing plaats, ditmaal naar de beroemde werf Op de Jouer, waar eens Eeltje Holtrop van der Zee en zijn zoon Auke hun prachtige jachten en boeiers hadden gebouwd. Behalve met nieuwbouw van vrijheidsjachten en zestienkwadraten hield Johannes zich vooral ook bezig met restauraties van ronde en platbodemjachten, zulks samen met twee zonen, Tjeerd en Johan, en de zoon van Tjeerd, Johannes, die in 1950 in het bedrijf kwam en tot 1991 aan het hoofd stond. Een paar vermeldenswaardige restauraties zijn die van de boeier *Bever*, de boeier *Maartje* en de Wieringer bol *Eudia*.

Verhuizen zit de Van der Meulens kennelijk in het bloed, want in 1963 vertrokken ze naar de huidige werf in Sneek. Daar was meer ruimte voor het bedrijf, met grote loodsen, een jachthaven, een langsscheepshelling, een dwarsscheepshelling en twee schiphuizen. Vanaf die tijd dateert ook de regelmatige deelname aan de HISWA-tentoonstelling in Amsterdam, voor de eerste maal in 1962.

Het bouwprogramma van de werf omvat natuurlijk meer dan alleen dat van de 7.50 meter kajuitschouw: open schouwen, kajuitschouwen van 6 tot 8 meter, zeeschouwen van 8 tot 9 meter (ook in vissermanuitvoering), Staverse jollen van 7.50 meter en niet te vergeten de restauraties. Een belangrijke poot van het bedrijf is de verhuurvloot, die voor een deel uit eigengebouwde schepen bestaat, zoals een 7.50 meter kajuitschouw en enkele 9 meter zeeschouwen, maar die ook enkele stalen platbodems bevat, onder andere Vollenhover bollen. Die verhuurvloot maakt thans het grootste deel uit van het werk van Johannes en zijn vrouw. De nieuwbouw en de reparatie staan sedert 1991 onder leiding van de derde zoon, Henk, de enige van de zoons die het bedrijf wil voortzetten. Hij is daarmee de vijfde generatie van een botenbouwersfamilie, die haar geschiedenis begint in de negentiende

3. Een houten schouw van voren gezien met het typische platte voorbord

4. De grote kuip van een houten Van der Meulenschouw

eeuw en die als het een beetje wil over de twintigste eeuw heenreikt tot in de eenentwintigste eeuw en dat met het aloude eikehout als bouwmateriaal.

In 1980 vierde de werf samen met de eigenaars van werfschepen een groot jubileumfeest om te herdenken dat honderd jaar geleden het bedrijf werd ingeschreven in het Handelsregister te Leeuwarden als Jachtwerf Joh. van der Meulen.

Vaareigenschappen en vaargebied

De gestrekte romp van de schouw is uitstekend geschikt om snelheid te maken onder een goed gesneden tuig.

Er zijn twee tuigplannen, een met een grootzeil van 14.90 m² en een fok van 9.00 m², samen 23.90 m², en een verhoogd tuig met een grootzeil van 16.20 m² en een fok van 9.80 m², samen 26.00 m².

Alleen de mast is iets langer geworden; de gieklengte is dezelfde gebleven. De opdrachtgever kan kiezen: het eerste vaart iets gemakkelijker, het tweede wat sneller, maar er zal vaker moeten worden gereefd. Het voorstag wordt gevaren op een kleine botteloef van gegalvaniseerd staal. De gaffel is gebogen en wordt met één val gehesen. De kajuit blijft achter de mast, zodat er een ruim voordek is om op te werken en als het zo uitkomt, te zonnen.

De 7.50 meter kajuitschouw is bij uitstek een schip voor de meren en de kanalen, niet voor het IJsselmeer, tenzij onder goede omstandigheden. Die bestemming is ook af te lezen aan de zwaarden: korte ronde boeierzwaarden, geen zeezwaarden.

Zeilervaringen
(door Rienk Smit)

De kajuitschouw is een handzaam jacht en kan in normale omstandigheden met twee personen worden gevaren. Het schip is ook alleen te zeilen, maar stel je dan niet al te veel voor van een rustig zeiltochtje. Op het moment dat er een wedstrijd gezeild wordt, zijn zelfs de handen van een derde bemanningslid zeer welkom. Ze zijn trouwens snel, die schouwen.

Afhankelijk van de mate waarin het schip geballast is – het inbrengen van 200 à 300 kg is ten zeerste aan te bevelen – houdt de schouw zich bij zwaar weer prima. Uiteraard dient tijdig, bij windkracht 4 à 5 Bft, te worden gereefd. In hoge golfslag en hoog aan de wind wordt vrij veel buiswater overgenomen, overigens zonder dat de in de kuip verblijvende bemanning ernstige overlast ondervindt. Kortom, zolang het schip goed gebreeuwd en/of gerubberd is, hoef je na een ruw zeiltochtje echt geen liters water uit het schip te hozen. De inrichting is voor ons gezin ruim voldoende, ook voor een vakantie van vier weken.

De schouw verdient het onderhoud zoals dat voor een houten schip noodzakelijk is.

Het bezit van een schiphuis waar het schip zomer en winter in kan liggen, is voor het totale behoud en daarmee voor het onderhoud, zowel qua tijd als geld, geen overbodige luxe. Indien niet over zo'n voorziening kan worden beschikt, is een dektent over het hele schip echt noodzakelijk. Voor het overige is jaarlijks onderhoud van het onderwaterschip en het in de olie zetten van het vlak onafwendbaar. Eenmaal in de twee jaar het schip lakken behoort eveneens tot de noodzakelijkheden. Al met al kan het schip in goede conditie worden gehouden door vijf dagen per jaar volledig aan het onderhoud te besteden. In de schouw zijn enkele plekken die extra aandacht behoeven.

De mast is door het contragewicht en de klaploper langs de mast zeer eenvoudig strijkbaar. Het betekent wel dat ook regen en buiswater lopend langs de mast in het schip bij het mastspoor komen. Deze plek moet daarom goed in de gaten worden gehouden: schoon, droog, vet. Plaatsen waar aanzettingen van het hout (naadjes) hebben plaatsgevonden, verdienen altijd wat extra aandacht en de stroomgootjes door de leggers moeten altijd doorstroming toelaten.

De geringe diepgang en het volkomen platte vlak geven toegang tot plaatsen die voor andere schepen onbereikbaar zijn – heerlijk rustig soms – terwijl droogvallen niet tot moeilijkheden leidt.

Gesteld kan worden dat wij de schouw erg veel varen. Van 1 mei tot 1 oktober zijn we vrijwel elk weekeinde op de Friese wateren te vinden, terwijl we in de zomervakantie zeker vier weken voornamelijk in Noord-Nederland rondtoeren: van Schiermonnikoog tot Lemmer en van Heerenveen tot Harlingen en Kornwerderzand.

En als je het schip wat vertroetelt, geeft het ontzettend veel terug.

(Hardegarijp, januari 1993)

Korte karakteristiek van de 7.50 meter Friese kajuitschouw

Ontwikkeld uit de open schouw en gebouwd volgens de traditionele bouwmethoden in blank gelakt eiken of iroko. De romp is gemaakt van rechte planken, die niet worden gebrand. Gestrekte lengtelijnen, hoekige spantvorm, plat vlak, plat voorbord en platte spiegel. Beperkte accommodatie in het lage vooronder, nochtans voor liefhebbers van de traditie een scheepje om te bewonderen en te vertroetelen. Geschikt voor meren en kanalen. Boeierzwaarden. Goede zeiler.

Algemene gegevens

Ontwerper en bouwer	Johannes van der Meulen
lengte over stevens	7.50 m
breedte	2.85 m
diepgang	0.45 m
grootzeil klein tuig	14.90 m^2
grootzeil groot tuig	16.20 m^2
fok klein tuig	9.00 m^2
fok groot tuig	9.80 m^2
aantal slaapplaatsen	4 à 5
hoogte in kajuit	1.55 m
hulpmotor (binnenboord)	± 12 pk
hulpmotor (buitenboord in bun)	± 15 pk

4 DE 7.80 METER STAVERSE JOL

Historie

Er is heel wat gespeculeerd over de geschiedenis van de Staverse jol, waarvan men dacht dat die eeuwen en eeuwen terugging. Echter schijnt vast te staan dat de Staverse jol slechts een jonge ontstaansgeschiedenis heeft en dat de eerste twee Staverse jollen eind vorige eeuw bij Strikwerda en Roosjen in Staveren werden gebouwd voor twee vissers, die daarmee de ansjovisvangst wilden beoefenen. De ansjovisvangst beleefde omstreeks 1870 een grote opgang en eiste speciale fijnmazige netten, die bij het binnenhalen door de zwaarden van de gebruikelijke vissersschepen zouden kunnen worden beschadigd. De bouwopdracht van de twee jollen behelsde dan ook een scheepje waarbij de zwaarden achterwege waren gelaten en waarbij de driftbeperking werd toevertrouwd aan een lange, onder het hele schip doorlopende scheg van geringe diepgang. Om nog beter aan zijn doel te kunnen beantwoorden, kreeg de romp een ronde spantvorm zonder berghout en een naar binnen vallend boord.

De eerste Staverse jollen waren klein, maar de afmetingen namen later toe; vanwege de behoefte aan meer laadruimte groeide de lengte van 18 naar 22 en 24 voet en meer. Ook werd de kop voller, terwijl het voorschip van de aanvankelijk geheel open scheepjes van een dek werd voorzien. In die ontwikkeling groeide ook het tuig mee: het spriettuig werd vervangen door een gaffeltuig (met rechte gaffel), waarvan het voorstag op de steven werd gevaren. Nog later kwamen er een grotere fok en een botteloef en tenslotte tevens een kleine kluiver.

Niet alleen bij Staveren bouwde men Staverse jollen, dat gebeurde bijvoorbeeld ook bij Wildschut in Gaastmeer, en zelfs aan de overkant van de Zuiderzee in Noord-Holland.

Rompvorm

De Staverse jol is de enige platbodem (om precies te zijn zou men moeten zeggen rondbodem) die geen zwaarden heeft. In verhouding tot zijn lengte is hij zeer breed. Het ronde grootspant heeft zijn grootste breedte dicht bij de waterlijn, wat de jol tot een stijf schip maakt met een geprononceerde aanvangsstabiliteit. Daar staat tegenover dat de eindstabiliteit minder is, ook al tengevolge van het sterk invallende boord. De kop van de jol, die voorzien is van een ronde steven, is heel erg vol. Het achterschip eindigt in een platte spiegel die – afhankelijk van de werf waar hij werd gebouwd – meer of minder hartvormig is.

Een oude houten Staverse jol levert een

1. Zeilplan 7.80 m Staverse jol

2. De houten jol ST. 48

stoere en beroepsmatige indruk, die veel latere jachtzeilers aantrok, hetzij om zo'n houten scheepje te restaureren, hetzij nieuw te laten bouwen in hout, ijzer of staal. De roep van zeewaardigheid was daarbij een extra stimulans. Fred Thomas schreef in zijn boek *Wijkend water* voor de Tweede Wereldoorlog al heel vertederend over zijn Staverse jol *De Halve Maen*, de voormalige HL 37: 'In een haventje van de Westeinder heb ik toen op een zomeravond het bejaarde en wat norse scheepje zien liggen in die omgeving waar het zo heel niet thuishoorde, gestrande visserman, wat verkommerd en met vale plekken op zijn kaken. Het lag daar te schuren aan de schoeiing, loom dommelend met telkens het knerpend aantrekken van de meerlijn als een schorre zucht. Ik ben op de schoeiing gaan zitten, mijn voeten laag boven het water, en heb langzaam het schip naar me toe gehaald. Het had iets wat mij aanstond, in de lijn van de forse steven, in de welving van de romp met het warme bruin van een verse lik teer, het slanke mastje, de takelage wel wat vermagerd, maar toch stevig en gezond. Een week later was de jol van mij.'

Ontwerp

De 7.80 meter Staverse jol is een ontwerp van een ontwerpersteam van de werf Kooijman en De Vries uit Deil, bestaande uit Willem Akkerman, Hans Fleumer, Jan Kooijman en Dick Lefeber. De werf had al heel wat ervaring in het bouwen van Staverse jollen in diverse maten naar ontwerpen van J.K. Gipon. De opdracht bestond uit een wat grote jol vanwege de zeilkwaliteiten. Kleine jollen zeilen wel goed in vlak water, maar hebben als dikke en korte scheepjes nog meer dan andere kleine platbodems het nadeel dat ze door golven flink worden afgestopt. Een grote jol heeft – alleen al door zijn gewicht – dat nadeel minder. Men wilde verder een aantal eisen qua inrichting en constructie realiseren die alleen in staalbouw mogelijk zijn: onder meer een spantloze bodem om de stahoogte te vergroten zonder de kajuit te hoog te maken. Verder moest de jol een gematigd karakter hebben: een niet te dikke kop, die anderzijds ook weer niet te fijn mocht zijn om te voorkomen dat het schip zou gaan 'duiken' bij achterlijke wind. Zo ontstond na vele sessies van uitvoerig overleg de 7.80 meter Staverse jol, die een gewaardeerd schip bleek te zijn en in een flink aantal exemplaren werd gebouwd. Aan de berekeningen die noodzakelijk waren, werd veel aandacht besteed. Wat het tuig betreft, werd gekozen voor de tuigage van de latere jollen met een kleine botteloef en met een kluiver. De gaffel kreeg de oorspronkelijke rechte vorm. Daar bij de oude Staverse jollen een loefbijter niet ongebruikelijk was, werd die ook hier getekend. In de praktijk bleek dat toch een geringe loefgierigheid op te leveren, zodat het later beter werd geoordeeld die weg te laten.

Inrichting

Om tot een zo ruim mogelijke inrichting te komen, werd de kajuit verlengd tot voorbij de mast, voor de standaardschepen van de

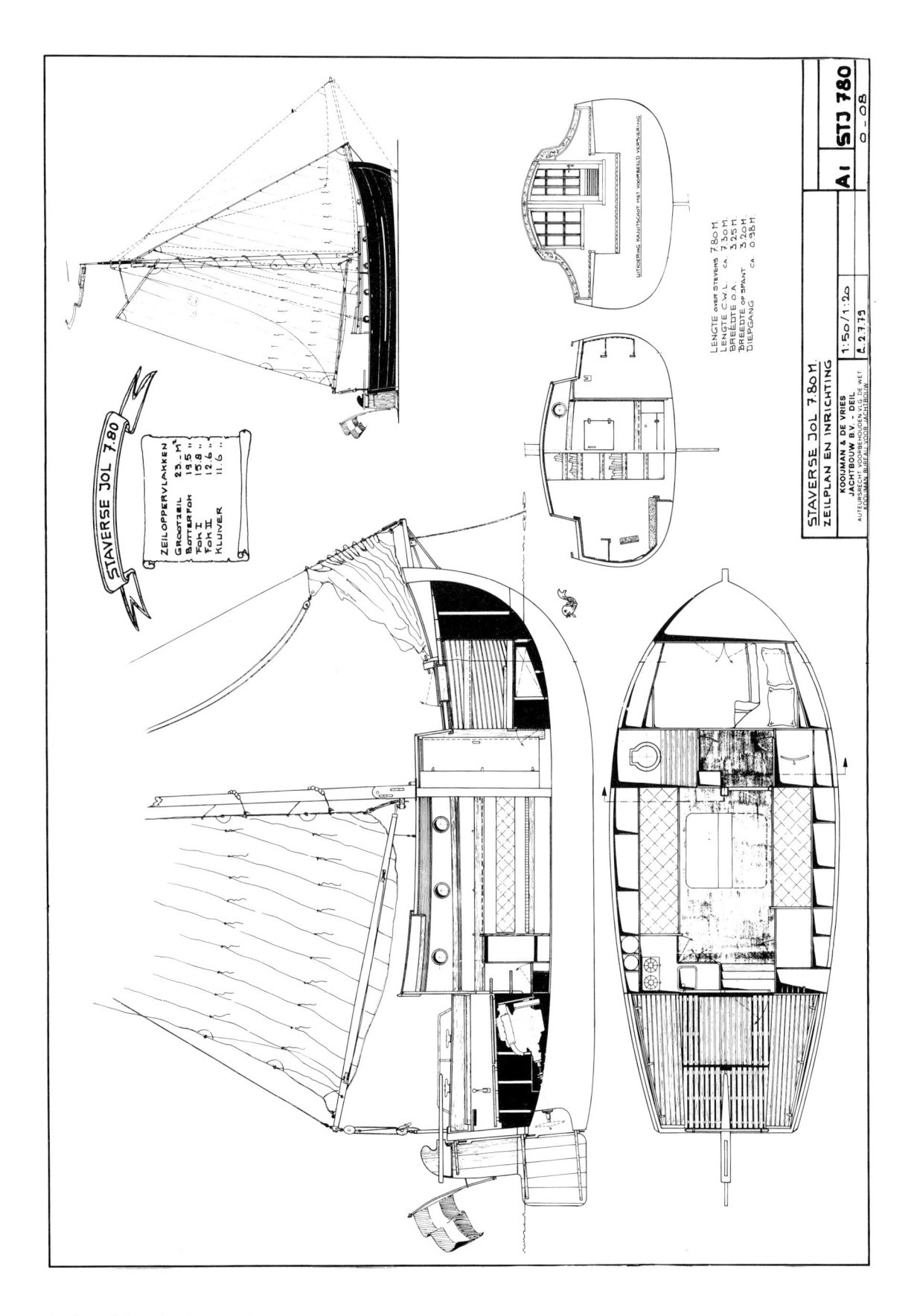

3. Overzichtstekening van de 7.80 m Staverse jol, Kooijman & De Vries, thans Jachtwerf van Rijnsoever

werf een noviteit, omdat het tot dusver gebruik was geweest de kajuit geheel achter de mast te houden. Het kajuitgedeelte voor de mast kreeg trouwens een geringe lengte. Het was voldoende om daarin het voorluik te plaatsen, dat hiermee gunstig werd gepositioneerd wat de ventilatie van het vooronder aangaat en ook wat betreft eventueel overkomend buiswater. Het schot dat de kajuit van het vooronder scheidt, werd ter wille van de stevigheid van de constructie onder de mast geplaatst. Zo ontstond een indeling die in het vooronder plaats bood aan een dubbele dwarskooi met daarachter, en tegenover elkaar, een afgescheiden toiletruimte en een hangkast. In de zeer ruime kajuit kwamen twee sofakooien, een L-vormige kombuis met wasbak en kooktoestel aan bakboordzijde en daartegenover een oliegoedkastje en een kaartentafel. Om de bemanning de hinder van de overkomende grootschoot te besparen, werd ervoor gekozen die te voeren op een overloop. Aan de buitenzijde van de romp werd aan weerszijden op het breedste gedeelte een flink halfrond gelast om de huid te beschermen tegen het schuren langs kaden en remmingwerken – een geruststellende gedachte voor de stuurman tijdens het manoeuvreren in havens en sluizen. Voor de ramen werden ronde lichtranden en patrijspoorten getekend, terwijl in het kajuitachterschot een flink raam met grote lichtopbrengst werd geprojecteerd. De kajuitingang lag uit het midden, aan stuurboord. Voor de vaart op de motor werd uitgegaan van een tweecilinder dieselmotor, die geheel onder de kuipvloer kon blijven.

Vaareigenschappen en vaargebied

Wat bij de 7.80 meter Staverse jol in het oog springt, is de intrinsieke grootte van het

4. De 7.80 m Staverse jol *Zwarte Parel* van de familie Kakes

schip, terwijl het toch met een kleine bemanning van twee personen goed te zeilen is. Het schip is groter dan zijn lengte doet vermoeden, doordat het vanwege de grote breedte en het hoge vrijboord dezelfde accommodatie biedt als veel andere, grotere schepen. Dat het zich ondanks die grootte gemakkelijk laat zeilen, dankt het aan twee omstandigheden. In de eerste plaats is er de lange scheg, die goede koersstabiliteit geeft en tevens groot gemak bij het manoeuvreren onder geringe vaart, zoals in havens bij het in- en uitvaren van een box. Het schip drijft niet zo weg als veel andere platbodems en laat zich nauwkeurig op de gewenste plaats parkeren. In de tweede plaats ontbreken de zwaarden, zodat de bediening van zwaardvallen overbodig is geworden.

Alle Staverse jollen moeten zoveel mogelijk rechtop worden gezeild. Gaat het schip erg schuin, dan vermindert de werking van de ondiepe scheg aanzienlijk, waardoor te veel verlijering optreedt. Het vroegtijdig steken van een rif voorkomt dat. Die scheg is bij de 7.80 meter Staverse jol gemaakt van een dikke plaat van 30-millimeter staal en heeft daarmee, behalve voor de sterkte van de constructie, tevens een functie als ballast.

Jollen hebben, net als tjalken, een roer met een lange hak. Als het achteruitvaren met grote snelheid gebeurt, komen er zulke krachten op de helmstok dat de roerganger die soms niet de baas kan en gevaar loopt tussen helmhout en boord beklemd te raken. Opletten dus: het achteruitvaren moet met matige snelheid gebeuren.

Het vaargebied van de Staverse jol omvat heel Nederland, inclusief IJsselmeer, Wadden en Scandinavië. Er is slechts één beperking, die het gevolg is van het vervangen van de zwaarden door een scheg; dat is de moeilijkheid bij het droogvallen. De vaart over het wad is daardoor en mede door de grotere diepgang minder gemakkelijk.

Droogvallen zal alleen goed kunnen gebeuren met behulp van zogenaamde wadpoten, een paar stevige stutten die het schip overeind houden zodra de scheg de grond raakt tijdens afgaand tij. Het droogvallen van een Staverse jol is trouwens minder problematisch dan met een modern kieljacht, om twee redenen: de diepgang is geringer en de lange scheg heeft dezelfde diepgang over de gehele lengte van het schip, zodat dit niet gaat 'duiken'.

De relatief grote zeewaardigheid van de 7.80 meter Staverse jol staat toe het kustzeilen in de vorm van 'harbourhopping' te beoefenen, mits bepaalde voorzieningen worden getroffen (zie de desbetreffende passage in het hoofdstuk van de schokker). Overigens moet daar uitdrukkelijk bij worden gezegd dat kleine platbodems geen zeejachten zijn. Wie echt op zee wil zeilen, kieze liever een slank, diepstekend scherp jacht, dat zich soepel in de golf beweegt en dat ook onder wat slechtere omstandigheden goede hoogte blijft lopen.

Zeilervaringen met de 7.80 meter Staverse jol
Schiere Monnik
(door Carel de Munk)

Michelangelo schilderde de Sibylle van Delphi op het plafond van de Sixtijnse kapel in Rome. Een vrouw van pure schoonheid. Vincent van Gogh heeft Brabantse boerinnen op doek gezet, verweerd door arbeid en armoede. Toch wedijveren beide schilderingen in schoonheid.

Zo wil ik voorstellen dat we voortaan niet meer beweren dat de Staverse jol minder fraai is dan de bol, boeier of aak. De Staverse jol heeft een eigen, kenmerkende schoonheid en de 7.80-meter van Kooijman en De Vries bij uitstek. Dat vooropgesteld. Bovendien is deze jol een perfecte zeiler, die hoog aan de wind, vooral bij een mooie bries, met grotere jachten kan concurreren. Het is me overkomen tijdens de bekende Vijf-eilandentocht op het voordewindse rak van Hellevoetsluis naar Tiengemeten onder noordoostenwind van 6 Bft, dat geen enkel jacht over de jol heen kon, noch qua hoogte, noch qua snelheid. Maar ook zwakke wind

De 7.80 meter Staverse jol 45

5. De 7.80 m Staverse jol *Schiere Monnik* van de familie De Munk

(2 à 3 Bft) is voldoende voor dit schip van bijna 5 ton. Op voordewindse koers is elke andere plat- of rondbodem enigszins in het voordeel, doordat deze de zwaarden uit het water tilt, terwijl de jol zijn kiel uiteraard nat houdt.

Aanvankelijk heeft de *Schiere Monnik* gevaren met botterfok van ruim 19.00 m² en kluiver van 11.00 m², maar de laatste jaren blijkt dat een stagfok van 12.50 m² met genoemde kluiver een mooiere stand van de zeilen geeft. Op ruime koersen blijft de botterfok een ideaal zeil, hoewel bij die zeilvoering en al bij windkracht 4 à 5 Bft mannenkracht nodig is om het roer de baas te blijven vanwege loefgierigheid. Een rif in het grootzeil doet dan wonderen: de trim is uitstekend, de loefgierigheid is opgeheven en de snelheid lijkt eerder hoger dan lager. De helling van deze jol wordt nooit meer dan 15°, mits de zeilvoering is aangepast aan de omstandigheden; een zeer comfortabele situatie aan boord, ook bij ruig weer. De ervaring heeft geleerd dat de botterfok zonder grootzeil nog goede zeilprestaties levert bij halve wind of iets hoger; dankzij de kiel verlijert het schip nauwelijks.

Op winderig water met korte golven – het IJsselmeer bijvoorbeeld – ondervindt deze Staverse jol veel weerstand bij een koers hoog aan de wind; de kluiver is dan per se nodig. Men kan onder zulke omstandigheden maar beter wat minder hoog sturen.

Het originele roer heeft een kleine verandering ondergaan: van de hak is een strook van ongeveer tien centimeter afgezaagd en aan de voorzijde tussen de onderste en middelste roerpen geplaatst, zodat iets als een balansroer ontstaat. Dit is gedaan om de eerder genoemde loefgierigheid de baas te kunnen blijven. Een bijkomend voordeel van deze ingreep is dat het schip op de plaats kan keren, wanneer op de motor gemanoeuvreerd wordt.

De 7.80 meter Staverse jol is een comfortabel jacht, waarop vier à vijf personen wekenlang vakantie kunnen houden. Maar ook twee opvarenden kunnen het schip met gemak de baas. Een ervaren zeiler zal er in z'n eentje geen moeite mee hebben, hoewel mijns inziens een luiwagen dan goed van pas komt.

(Oosterhout, januari 1993)

Korte karakteristiek van de 7.80 meter Staverse jol

In het algemeen de meest handzame onder de platbodems. In plaats van zwaarden is er een lange doorlopende kiel; hierdoor grote koersstabiliteit en gemak bij het manoeuvreren op de motor. Een stoer en relatief zeewaardig schip, dat qua zeileigenschappen niet onderdoet voor andere platbodems van vergelijkbare grootte. De brede rondspantvorm geeft veel accommodatieruimte. Moet niet te schuin worden gevaren, omdat anders de driftbeperking van de ondiepe kiel te veel afneemt. Vaargebied geheel Nederland, inclusief IJsselmeer en Wadden, met enige beperking ten aanzien van droogvallen.

Algemene gegevens

Ontwerp	ontwerpersteam Kooijman en De Vries
lengte over stevens	7.80 m
waterlijnlengte romp zonder stevens	6.85 m
grootste breedte	3.25 m
diepgang	0.98 m
waterverplaatsing	$\pm$ 5 ton
grootzeil	23.00 m^2
fok	15.80 m^2
kluiver	11.60 m^2
aantal slaapplaatsen	5 à 6
stahoogte in kajuit	1.85 à 1.90 m
masthoogte boven water	$\pm$ 11.20 m
kruiphoogte	$\pm$ 2.20 m
motor	2 cil. diesel 15 à 20 pk

5 DE 8.10 METER VOLLENHOVER BOL

Historie

De ontwikkeling van een nieuw scheepstype loopt niet altijd langs dezelfde lijnen. Soms gaat het geleidelijk en duurt het eeuwen. Soms gaat het juist heel snel, omdat de omstandigheden er kennelijk rijp voor zijn. Dat laatste is het geval met de Vollenhover bol. Het is omstreeks 1900, voor veel mensen een zware tijd. Een achturige werkdag? Een vrije zaterdag? Vakantie? Vergeet het maar! De allesbeheersende vraag is: hoe houd ik mezelf en mijn gezin in leven? In zulke omstandigheden is de absolute effectiviteit van een werktuig dat de mens bij zijn arbeid gebruikt, van levensbelang.

Visser Jongman uit Vollenhove, vist met zijn punter langs de oostkust van de Zuiderzee. Hij is niet geheel tevreden met zijn schip. Komt dat doordat hij de 'zeewaardigheid' niet voldoende vindt, of doordat de algemene geschiktheid voor de visserij in dit kustgebied te wensen overlaat? Wie zal dat thans nog achterhalen? Eén ding is zeker: aan scheepsbouwer Kroese vertelt hij zijn wensen en samen overleggen ze. In 1902 bouwt Kroese voor Jongman de eerste Vollenhover bol. Het wordt een scheepje met een plat vlak, maar met ronde zijden en boegen en met een ronde voorsteven, dat geïnspireerd is zowel door de schokker als door de botter, maar kleiner van afmetingen. Een nieuw scheepstype is geboren.

Is dan de Vollenhover bol uit louter toeval ontstaan? Natuurlijk niet. Gesprekken tussen schippers en scheepsbouwers vergen veel tijd en leiden uiteindelijk soms tot een nieuw scheepstype, niet zomaar ineens en toevallig, maar als resultaat van uitgebreid overleg. Blijkbaar was er al langer behoefte aan een nieuw vaartuig om aan de eisen van de plaatselijke visserij te voldoen. Dat dit hier het geval was, blijkt overduidelijk uit het feit dat andere werven uit de omgeving ogenblikkelijk volgden: Snoek uit Blokzijl, Huisman uit Wanneperveen/Ronduite, elk zijn eigen werfkenmerken aan het nieuwe type meegevend. Het ontstaan van het nieuwe schip 'hing gewoon in de lucht'.

Wie zich uitvoerig over de historie van de Vollenhover bol wil informeren, kan dat doen aan de hand van een over enige tijd te verschijnen, circa 150 bladzijden tellende monografie over dit scheepstype, van K. ter Laan en C. van Kesteren.

Kenmerken

Het eerste exemplaar voor visser Jongman was maar klein, zo'n zes en een halve meter over stevens. De nadien gebouwde bollen werden wel groter met op den duur een lengte van circa tien meter, maar bleven een duidelijke middenpositie innemen tussen de punters en de grotere botters en schokkers. Ook bij de vorm van de romp was dat het geval. Enerzijds hebben de bouwers gekeken naar de beide grotere schepen, getuige het sigaar- of lancetvormige vlak (schokker) en de ronde boegen en voorsteven (botter), maar anderzijds zijn zij daarvan afgeweken, doordat de kop minder hoog en het achterschip minder laag is dan van de botter. Nog een punt waarin de Vollenhover bol minder extreem is dan de botter, is de stand van de mast. Die staat minder achterlijk, met als gevolg een relatief wat kleinere 'botterfok'.

Van de houten Vollenhover bollen zijn er niet veel meer over. Het Zuiderzeemuseum bezit er één. Behalve dit schip zijn er nog enkele houten vissersvaartuigen die thans als

1. 8.10 m Vollenhover bol, zeilend op het Hollands Diep

De 8.10 meter Vollenhover bol

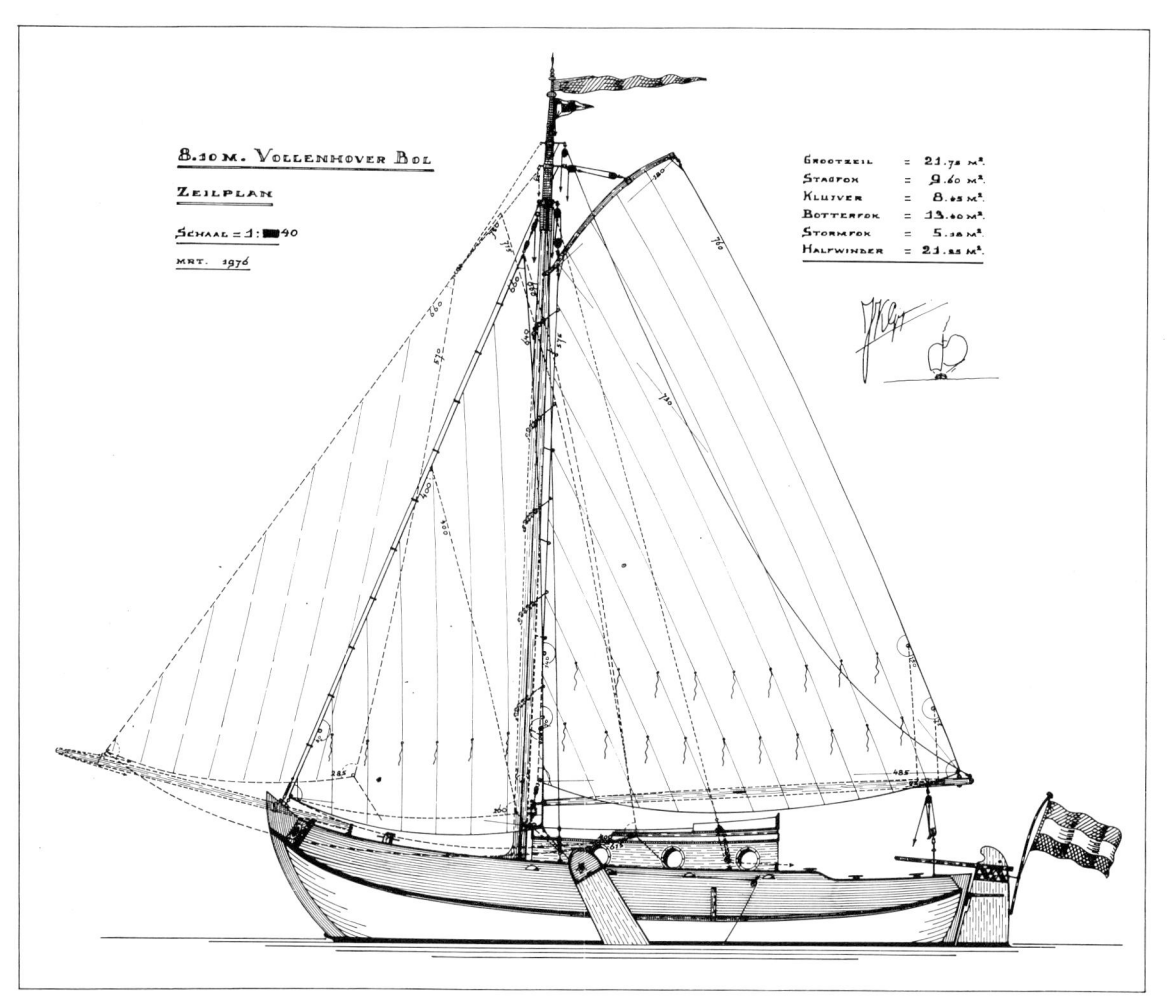

2. Zeiltekening 8.10 m Vollenhover bol

jacht in gebruik zijn, bijvoorbeeld de 9.00 meter (voormalige) *Aemilia* II uit 1923 (Huisman), de 10.00 meter *Boronia* uit 1911 (Snoek) en de 9.95 meter *Zeester* uit 1918 (Snoek).

Voor gebruik als jacht had de Vollenhover bol verschillende aantrekkelijke kanten: zijn vermelde evenwichtigheid in vorm en tuigage en zijn bescheiden afmetingen. Dat had tot gevolg dat er door Huisman nog in het gebruikelijke eikehout al voor de Tweede Wereldoorlog enkele jachten van dit type werden gebouwd: in 1921 de *Jarro*, in 1926 de *Vrouw Lucia* en in 1939/1940 de *Goetzee* voor de toenmalige hoofdredacteur van de *Waterkampioen*, ir. J. Loeff, die een belangrijk bevorderaar van het platbodemjacht is geweest. Die drie laatste jachten hadden een lengte over stevens van respectievelijk 8.25. 8.38 en 8.75 meter. Na de oorlog volgde nog een zestal houten Vollenhover bollen, alle in afmetingen tussen de 9.00 en 10.00 meter en van diverse bouwers.

In de jachtversie hadden de schepen beretanden en slemphouten; de vissersschepen hadden die soms wel, soms niet. De *Goetzee* had, zoals de tekening laat zien, een kleine loefbijter. Ik herinner mij dat Loeff destijds vermeldde dat het schip aanvankelijk nogal loefgierig was en hij daarom later de scheg onder het achterschip heeft vergroot.

De 8.10 meter Gipon-Vollenhover bol

Toen na de oorlog goed eikehout moeilijker verkrijgbaar was en de bouw in hout ook steeds duurder begon te worden, werd de staalbouw een aantrekkelijk alternatief.

De ontwerper J. K. Gipon tekende voor de heer Kramer een 8.50 meter Vollenhover bol, de *Vrouwe Elske* (1961), die de eerste is geworden van een hele serie Vollenhover bollen, enkele honderden in aantal, waarvan de meeste werden gebouwd door de werf Kooijman en De Vries in Deil aan de Linge. Ook andere werven namen daaraan deel, onder meer Albert Been, Aalsmeer; Jachtwerf Delta (W. van der Torre), Brielle; Woudenberg, Beneden-Leeuwen; De Klop, Utrecht; De Nieuwe Kielkade, Bolsward; Tromp, Amsterdam; Van Waveren, de Lier.

Gipon tekende de Vollenhover bol in diverse afmetingen: 8.10, 8.50, 9.00, 9.30 en 9.75 meter. Van deze serie heeft de 8.10 meter mijn voorkeur: het is de kleinste en handzaamste en heeft desondanks ruim voldoende accommodatie voor een gemiddeld gezin. Bovendien is het in volgorde van tijd een van de latere, zodat kon worden geprofiteerd van de ervaring opgedaan met vorige ontwerpen. Het gevolg is geweest dat van alle Vollenhover bollen de 8.10 meter het grootst in aantal is geworden.

Inrichting

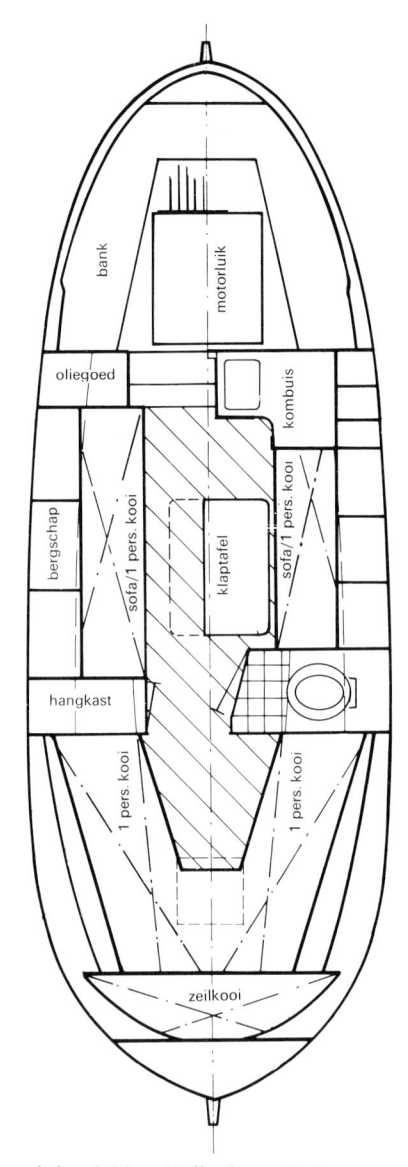

3. Grondplan 8.10 m Vollenhover bol

Voor het grondplan wordt verwezen naar de opgenomen tekening. Er zijn enkele bijzonderheden te vermelden. De kajuit blijft achter de mast. De stahoogte is 1.80 meter in de kajuit en 1.88 meter onder het grote schuifluik, dat even breed is als het looppad in de kajuit. Die stahoogte wordt bereikt doordat het dikke stalen vlak spantloos is en ook het kajuitdak spantloos is gemaakt, van hechthout. Het kajuitdak heeft zowel in langsscheepse als in dwarsscheepse richting een fraaie bocht en moest daartoe op een speciale mal worden vervaardigd. Deze oplossing geeft trouwens niet alleen hoogtewinst, maar heeft ook een gunstige invloed op het gewichtszwaartepunt. (De bijzonderheid van dit houten dak was overigens alleen uitvoerbaar in de toenmalige seriebouw bij Kooijman en De Vries.)

Verder valt op dat de kajuitingang zich niet in het midden, maar aan de zijkant bevindt. De kajuitdeur draait hierdoor symmetrisch weg tegen het schot, zonder dat die boven het kajuitdak uitsteekt, zoals bij middendeurtjes het geval pleegt te zijn. Een tweede gevolg daarvan is dat er aan de ene zijde van de kajuit een L-vormige kombuis kon worden geprojecteerd en dat degene die daar staat te koken niet in de 'doorloop' van kuip naar kajuit staat. Bovendien blijft er aan de overzijde ruimte voor een oliegoedkastje.

De kuipvloer is zelflozend; daaronder is plaats voor een tweecilinder dieselmotor van ca. 18 pk. Er is een vaste stalen kuipreling, die fungeert als rugleuning en die tevens de veiligheid ten goede komt.

Vaareigenschappen en vaargebied

De 8.10 meter Vollenhover bol heeft gediend als voorbeeld bij de zeilinstructies die mijn vrouw en ik gaven in de Biesbosch en in Friesland en die zijn samengevat in mijn boekje *Varen met platbodems*. De schipper die een scheepje wil voor zijn gezin en die tevens in staat wil zijn het alleen te zeilen, vindt in de 8.10 meter Vollenhover bol een uitstekende platbodem. Het schip is groot genoeg om met succes alle Nederlandse wateren te bevaren, inclusief Zeeland, IJsselmeer en Wadden, en is tegelijkertijd niet zo groot dat alleen zeilen een te vermoeiende opgave wordt. De 8.50 meter tot 9.75 meter bollen geven wel meer ruimte en comfort, maar ze zijn zwaarder te zeilen en natuurlijk ook aanmerkelijk duurder in aanschaf.

De 8.10 meter bol is niet alleen een gemakkelijk schip, maar zeilt ook uitstekend, zoals de resultaten in wedstrijden duidelijk hebben aangetoond. Die uitstekende zeilkwaliteiten dankt het aan de evenwichtige tuigage en de goede rompvorm. De berekende curve van de statische stabiliteit snijdt de horizontale as bij ongeveer 90° en heeft zijn top bij ongeveer 45°. Dat is onder meer te danken aan het dikke stalen vlak en

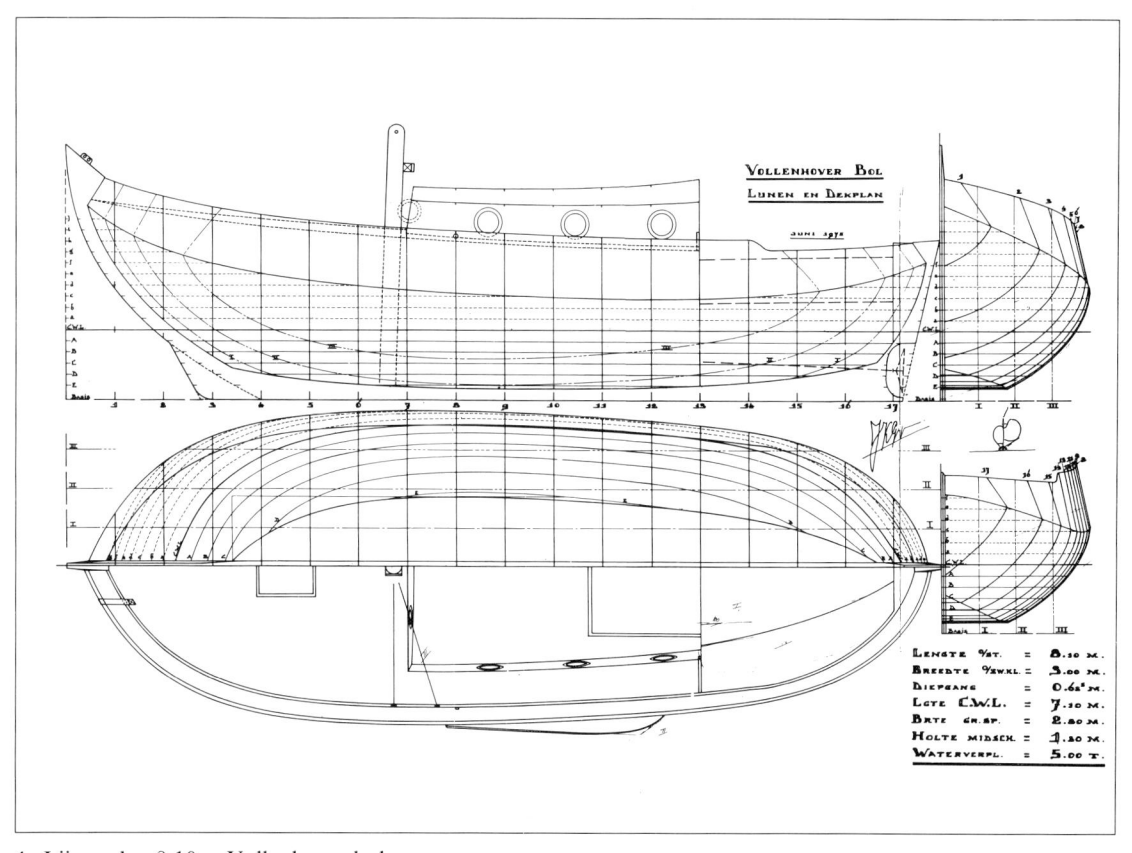

4. Lijnenplan 8.10 m Vollenhover bol

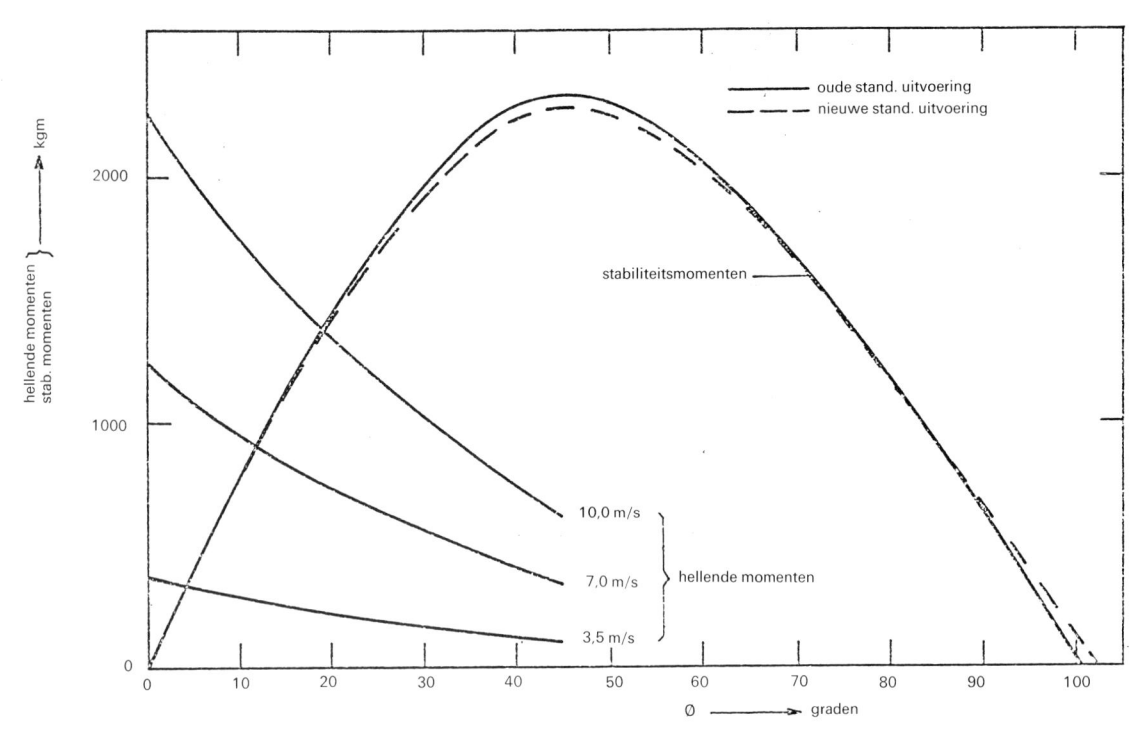

5. Curve van de statische stabiliteit van een 8.10 m Vollenhover bol, opgesteld door medewerkers van de TH te Delft in 1976. De curve gaat door de nullijn voorbij de 90°, zodat theoretisch het schip nog omhoog zou komen als het plat op het water zou liggen. Via de grote kuip zou het dan echter vollopen. Een goede manier om dit schip te zeilen is om bij aanwinnende wind te reven bij 20° helling. Van meer belang dan de statische stabiliteit is immers de dynamische stabiliteit. Zou het schip bij 20° helling getroffen worden door een windstoot, dan heeft het nog een reserve in traject van 20° tot 45°, waar het oprichtend moment blijkens de curve nog steeds toeneemt. Zou die windstoot optreden in een situatie waarin reeds een helling van 45° was bereikt, dan zijn er duidelijk moeilijkheden, want daar neemt het oprichtend moment snel af. Ik schrijf dit zo uitvoerig om te voorkomen dat te optimistische conclusies worden getrokken uit de zichtbaar grote omvang van de stabiliteitscurve. Dat neemt overigens niet weg dat die curve voor een platbodem werkelijk uitstekend is. De 8.10 m Vollenhover bol dankt dit onder meer aan het lage zwaartepunt tengevolge van het dikke stalen vlak van 20 mm en aan het lage topgewicht.

het geringe topgewicht, al moet natuurlijk worden gezegd dat elke platbodem uiteindelijk kenterbaar blijft, doordat hij de gewichtsstabiliteit van een kieljacht ontbeert.

Langs de Zuiderzeekust hadden diverse vissersplaatsen hun eigen bolletjes: Enkhuizen, Hindeloopen, Workum, Lemmer, allemaal schepen van kleiner formaat dan de botter of de schokker. Het thuiswater was mede bepalend voor het karakter. Zo was bijvoorbeeld de Enkhuizer bol een vaartuig dat minder op zeewaardigheid was toegespitst dan de Vollenhover bol, die gewoonlijk de omstandigheden aan lagerwal moest trotseren. De Vollenhover bol heeft dientengevolge een hogere kop en in zijn latere exemplaren ook grotere afmetingen dan de Enkhuizer bol. Het zijn al met al eigenschappen die de Vollenhover bol, samen met zijn ruimte en comfort, als jacht zo geliefd hebben gemaakt.

Zeilervaringen met de 8.10 meter Vollenhover bol *Bolleboos*
(door Ries de Jong)

Na acht jaar varen met de *Bolleboos* bladeren we met tevredenheid door de logboeken.

Het schip voldeed aan de gestelde criteria: niet te groot, door twee personen te hanteren, comfortabel interieur met stahoogte en ruimte voor gezinsuitbreiding. Van buiten stoer en rond van lijn.

Het schip was in alle opzichten handzaam. In het kruisrak met twee personen lieten de zwaarden en schoten zich gemakkelijk bedienen. Op lange oversteken op het IJsselmeer hield de schipperse graag het roer. Ook het strijken van de mast tijdens de vaart was voor de schipper geen probleem. In zwaar weer bleef het schip, mits tijdig gereefd, goed te sturen. Het ronde achterschip gaf achter inkomende golven geen kans. Bij aandewindse koersen wel veel buiswater en verlies van snelheid.

De binnenbetimmering was praktisch met veel bergruimte. Op de tweepersoonskooi in het vooronder, met daarnaast de enkele en de kleuterkooi, konden wij goed slapen. Zo bleef de kajuit beschikbaar voor vroege ontbijters zonder de langslapers te storen. Gingen de kinderen vroeg naar bed, dan bleef de kajuit vrij om met buren het glas te heffen, te kaarten of te lezen. Lange vakantiereizen blijven dan gezellig.

Wij meerden 's avonds bij voorkeur met de kop naar het westen, zodat bij het ontbijt het grote schuifluik open kon om de zon binnen te laten. De morgenstond had dan goud in de mond.

Zo'n schip heeft recht op goed onderhoud. De werf leverde het af met een goed basissysteem. Na enkele jaren blijken de roestbronnen te zitten tussen de bevestigingsstrippen van strijk- en aanvaringsklampen. Ook de verf op het hechthouten kajuitdak vertoont gemakkelijk scheurtjes, die goed verzorgd moeten worden. Dit werk deden wij tussen de zomervakantie en de herfst, zodat het schip goed verzorgd de winter door in de rivier kon blijven. Het ijs van de strenge winter van 1985 deerde hem niet. Het jaarlijks terugkerende lakwerk aan de eiken zwaarden, het roer en de rondhouten vond plaats in de winter in de garage of de schuur. Door de goede hanteerbaarheid van deze onderdelen was dat geen onprettig werk. Voor het onderwaterschip kan men volstaan met een werfbeurt eens in de drie à vier jaar. Twee zomerse dagen en ook dat is te doen.

Wij hebben geen verandering aangebracht aan de tuigage, maar deze uitgebreid met kluiver en botterfok. Voor de fokkeschoten hebben wij twee lieren gemonteerd, wat geen overbodige luxe is bij zwaarder weer.

Op dit schip groeiden onze kinderen op van baby tot tiener en bevoeren wij de Ne-

6. De 8.10 m Vollenhover bol *Bolleboos* van de familie De Jong

7. Vollenhover bollen in kiellinie tijdens zeilinstructie in Friesland

derlandse rivieren, de Zeeuwse delta, het IJsselmeer en de Waddenzee. Wij konden hiermee de beschutting zoeken van een ondiepe kil in de Biesbosch, maar ook prijzen winnen op groot water.

(Lekkerkerk, januari 1993)

Korte karakteristiek van de 8.10 meter Vollenhover bol

De Vollenhover bol is van oorsprong een vissersschip van de Zuiderzee, kleiner dan de botter, met ronde boegen en een plat vlak. Door evenwichtigheid van vorm en tuigage zeer geschikt als jacht. Goede zeiler en fraai van uiterlijk. Geschikt voor alle Nederlandse wateren, inclusief IJsselmeer en Wadden. Zeezwaarden.

Algemene gegevens

Ontwerper	J. K. Gipon
lengte over stevens	8.10 m
lengte op waterlijn	6.80 m
breedte over strijkklampen	3.00 m
diepgang	0.62 m
waterverplaatsing	$\pm$ 5.3 ton
grootzeil	21.75 m^2
botterfok	13.40 m^2
kluiver	8.40 m^2
aantal slaapplaatsen	5
stahoogte	1.80 à 1.88 m
masthoogte boven water	$\pm$ 10.00 m
kruiphoogte	2.10 m
motor	2 cil. diesel $\pm$ 18 pk

6 DE 9.00 METER ZEESCHOUW

Historie

Omstreeks 1900 schijnen de eerste zeeschouwen te zijn gebouwd in Lemmer. Deze geboorteplaats was niet zo verwonderlijk want, net als bij de Lemsteraak, was er ook bij de zeeschouw een familieverwantschap met een schip van het binnenwater, in dit geval de Friese zeilschouw. Om voor de Zuiderzee geschikt te zijn werden de afmetingen groter, de kop hoger en de spantvorm dieper en breder. De voornaamste impuls tot het ontstaan van deze grotere en meer zeewaardige schouw lag in de slechte economische omstandigheden. Er kwam vraag naar een vissersschip dat – eerst in hout en later in ijzer of staal – door zijn eenvoudige vorm goedkoop te bouwen was. Na Lemmer volgden andere plaatsen, zoals Monnickendam. Kenners zien het verschil. Het museum in Enkhuizen bezit een vroege, heel zwaar gebouwde houten zeeschouw, die nodig moet worden gerestaureerd. De afmetingen zijn 8.00 bij 3.30 meter.

Het duurde tot na de Tweede Wereldoorlog voordat de zeeschouw zijn grote opkomst als jacht beleefde. Overal werden zeeschouwen gebouwd, zowel door werven als amateurs, al dan niet naar de tekening van een professionele ontwerper. De eenvoudige vorm verleidde velen tot de gedachte dat het dan ook wel eenvoudig zou zijn een schouw te bouwen. Het tegendeel bleek echter waar. Juist die simpele robuuste vorm maakte het extra moeilijk een goed schip tot stand te brengen. Er werden goede schepen gebouwd, maar ook lelijke bakken. Zo varen er thans nogal wat schouwen rond waar het heeft ontbroken aan een ervaren scheepsbouwersoog en waarvan tevens moet wor-

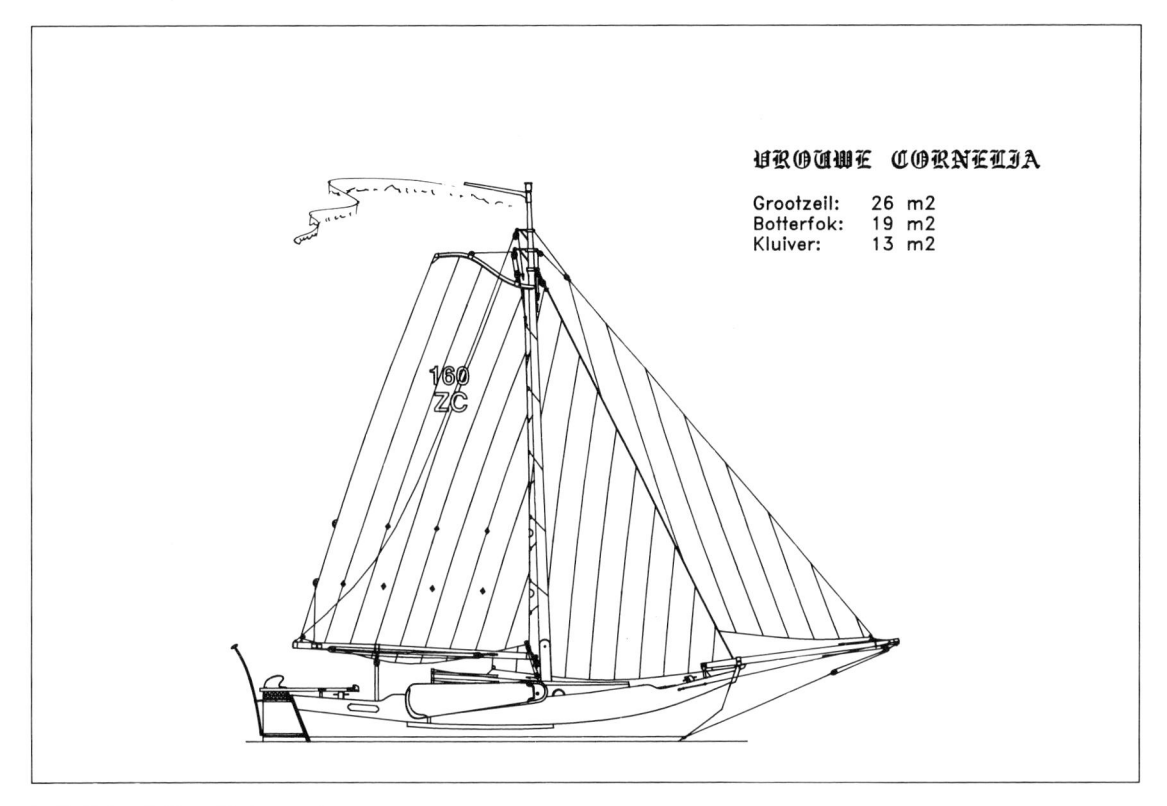

1. Zeilplan 9.00 m Kok-zeeschouw

2. Model van houten zeeschouw (foto Zuiderzeemuseum)

den gevreesd dat men bij de technische uitvoering hier en daar wat steken heeft laten vallen. Het is dus opletten voor wie een tweedehands schouw zoekt.

Bij de 'goedkoopte' van de schouw als jacht moet trouwens de kanttekening worden gemaakt dat de totale kosten van een jacht slechts voor het kleinste deel voor rekening komen van de romp en voor het grootste deel voor die van de rest zoals betimmering, motor, tuigage, uitrusting en afwerking. De besparing op het totale schip is dus geringer dan het lijkt en wordt bij jachten vaak weer tenietgedaan door dure voorzieningen, zoals teak dekken, teak potdeksels en dergelijke.

Ontwerp van de 9.00 meter Kok-zeeschouw

Een van de naoorlogse zeeschouwen die ik kan waarderen, is de Kok-schouw.
De ontwerper, J. Kok, destijds wonend in Huizen, tekende een evenwichtig schip met goede verhoudingen. Het vertoont de speciale karakteristiek van het type: een tamelijk smal vlak met daarop flink naar buiten staande zijden. Het boeisel valt gedecideerd naar binnen; het voorbord en de spiegel zijn goed van afmetingen en stand. Vanaf ruim voor het midden tot achter bij de spiegel is er onder het vlak een scheg van behoorlijk formaat, die bijdraagt aan de gemakkelijke bestuurbaarheid. De hoogte van deze scheg blijft binnen de *Stamboek*-norm. De mast staat nogal achterlijk in het schip, wat een smal grootzeil betekent en een grote fok. De zwaarden zijn de gebruikelijke zeezwaarden.

Inrichting

Een 9.00 meter zeeschouw is al een flink schip met heel wat accommodatiemogelijkheden. De kajuit is meestal doorgetrokken voorbij de mast. Om voldoende stahoogte te krijgen, is dat min of meer noodzakelijk, vanwege de genoemde achterlijke stand van de mast; de kajuit zou anders wel erg kort worden. Uiteraard zijn er diverse manieren om de beschikbare ruimte in te delen. Verwezen wordt naar de opgenomen tekeningen.

Vaargebied en vaareigenschappen

Naar mijn ervaring denken sommige mensen dat de benaming zeeschouw aangeeft dat het schip bedoeld zou zijn voor de Noordzee. De huidige generatie leeft al zo lang met het IJsselmeer, dat men er niet meer aan denkt dat er een Zuiderzee is geweest. De naam zeeschouw roept bij hen de associatie op van extra zeewaardigheid. Toch wordt er niets anders mee bedoeld dan schouw voor de Zuiderzee, in tegenstelling tot de schouw voor het Friese binnenwater. In dit opzicht onderscheidt de zeeschouw zich dus niet van de andere typen Zuiderzee-vissersschepen, zoals de aak, de botter, de schokker of de pluut.

De 9.00 meter zeeschouw is een schip voor het hele Nederlandse vaargebied, inclusief IJsselmeer en Wadden.

De zeileigenschappen zijn uitstekend, zoals blijkt uit zijn hoge score in wedstrijden. Er zijn enkele factoren die daar dui-

De 9.00 meter zeeschouw

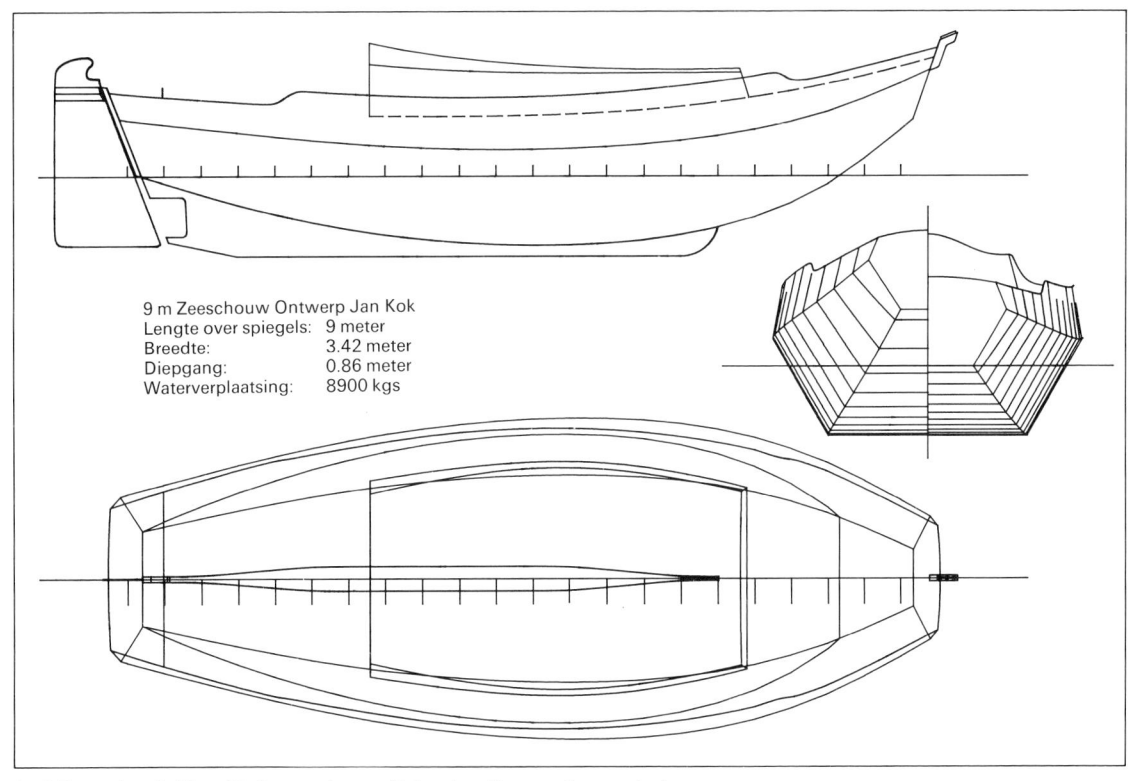

```
9 m Zeeschouw Ontwerp Jan Kok
Lengte over spiegels:   9 meter
Breedte:                3.42 meter
Diepgang:               0.86 meter
Waterverplaatsing:      8900 kgs
```

3. Lijnenplan 9.00 m Kok-zeeschouw (tekening Bureau Jongepier)

delijk aan bijdragen: het tuig met het smalle en hoge grootzeil, de grote botterfok, de gestrekte lijnen van de romp, de hoekige kim en de efficiënte zwaarden. De ontwerper tekende destijds ook een 10.00 meter zeeschouw om aan de vraag naar een wat groter schip te voldoen. Deze 10.00 meter schouw wordt momenteel weer gebouwd. De bouwer, die zijn bedrijf presenteert als 'Kok Zeeschouw' te Lelystad, heeft reeds verschillende opdrachten. Voor de thans in Friesland woonachtige 61-jarige ontwerper zal dit ongetwijfeld een voldoening zijn.

Huizen is de bakermat van de Kok-schouw; nog steeds zijn er daar enkele te vinden, onder andere in de jachthaven ''t Huizerhoofd', waar havenmeester Jaap Molenaar

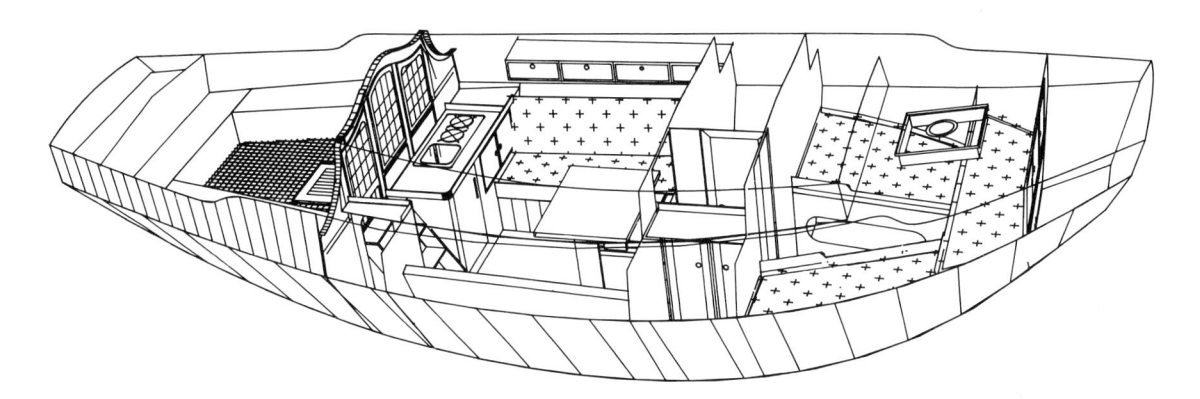

4. Inrichtingsplan 9.00 m Kok-zeeschouw (tekening Bureau Jongepier)

de scepter zwaait. Tientallen platbodems, bijeengebracht aan enkele speciale steigers, vinden er hun vaste ligplaats en varen er hun onderlinge zomeravondwedstrijden. Jaap Molenaar is een liefhebber van de Kok-zeeschouw. Van 1974 tot 1978 was hij schipper op de *Almakejaja*, een exemplaar van 10.00 meter. Hij beschrijft het schip als een goede zeiler, minder buiswater overnemend dan de aak, en gemakkelijk bestuurbaar, behalve voor de wind (maar welke platbodem is dan eigenlijk wel gemakkelijk). Met een knik in de schoot loopt hij het best. Aan de wind varend wordt behalve fok en grootzeil meestal een kluiver gevoerd; de zwaarden hebben dan een voorlijke stand. Wordt de kluiver weggenomen, dan moeten de zwaarden naar achteren. Het schip heeft weleens bijna plat op het water gelegen, maar het kwam weer overeind. Angstig is hij nooit geweest.

Een zeiler die met zijn 9.00 meter Kokschouw *Vrouwe Cornelia* veel succes had in de wedstrijden, is P. W. Jongepier.

Van hem zijn ook de fraaie tekeningen, sommige in perspectief, die bij dit hoofdstuk zijn opgenomen. De tekeningen zijn gemaakt met behulp van zijn computer. Hij is een jachtontwerper die zich heeft toegelegd op computer aided design.

Zeilervaringen met de 9.00 meter zeeschouw
Vrouwe Cornelia
(P. W. Jongepier)

Mijn financiën lieten destijds de aanschaf van een compleet jacht niet toe, zodat ik een casco kocht, dat ik zelf heb afgebouwd. De betimmering voerde ik uit in mahonie met een roefdak van teak op eiken spanten.

De motor kwam uit een sloopauto en werd compleet met versnellingsbak en de fa-

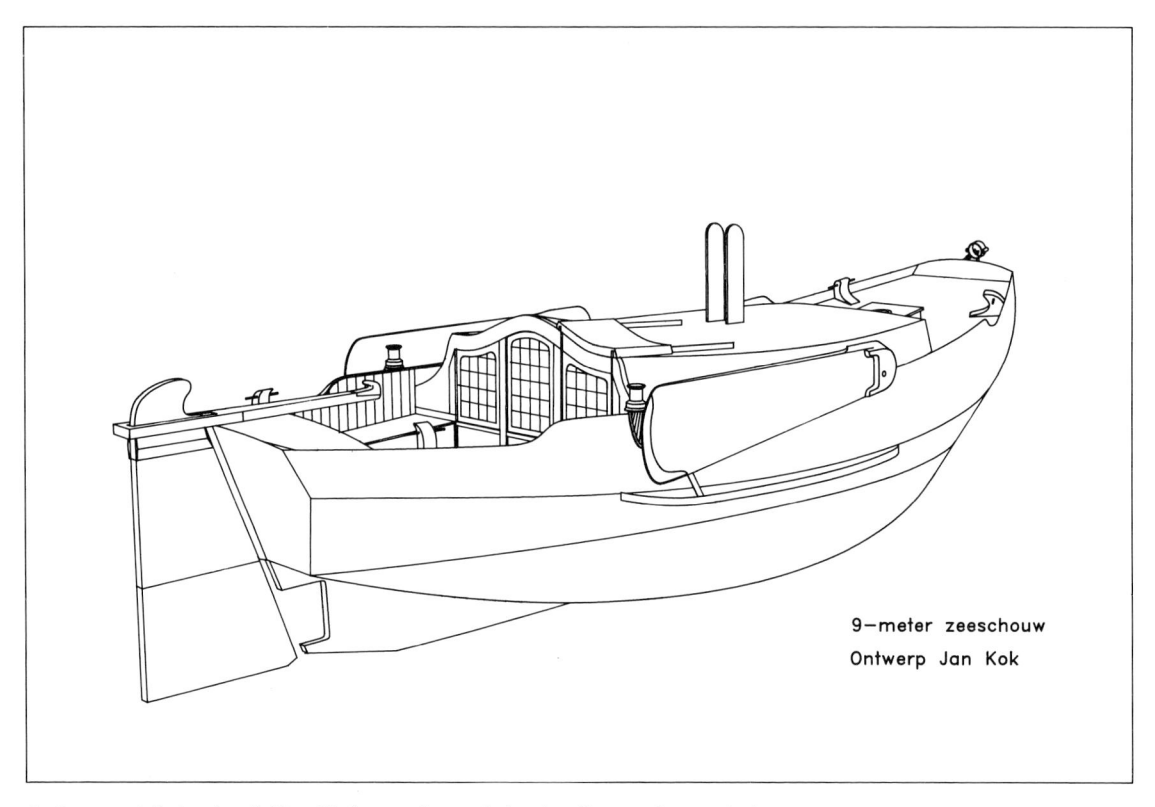

5. Perspectieftekening 9.00 m Kok-zeeschouw (tekening Bureau Jongepier)

meuze Verhey's vaanstandschroef onder de kuipvloer geplaatst.

Het is nooit de bedoeling geweest om wedstrijd te zeilen, tot de dag voor de 'Huizer wedstrijden voor zeeschouwen' in de herfst van 1968, waarop de zeilen er voor het eerst op kwamen. Toen liet ik me door Jan Kok overhalen om met vrouw en twee zoontjes van 9 en 7 mee te doen. De vernederende manier waarop de 'kanonnen' van toen van ons wegzeilden, is er de oorzaak van dat we nu, vijfentwintig jaar later, nog steeds aan wedstrijden meedoen.

Uiteindelijk kreeg vrijwel elke vergelijkbare platbodem het nakijken, ook de voordien zo succesvolle 10.00 meter Kok-schouwen en die van ontwerpers als Henk Vermolen en Kroes.

De waterverplaatsing van bijna 9 ton en het matige zeiloppervlak gaven een zeilbalans die optimaal was bij windkracht 4, met grootzeil, botterfok en kleine kluiver. Met minder wind was, bij een steil zwaard, het schip lijgierig; daarboven kon je, door het zwaard geleidelijk op te halen, tot elke (vaarbare) windkracht het roer desgewenst neutraal houden en dus de hoogste snelheid lopen.

Onder grootzeil alleen kon uitstekend worden gelaveerd en met een simpel neerhalen van de fok bleef je uit de 'waai'-problemen. In dit verband herinner ik mij nog heel goed een bijzondere storm waar de *Vrouwe Cornelia* en ons gezinnetje in terechtkwamen. De storm stak plotseling op, beginnende met een inktzwarte bui tijdens een Flevorace in de buurt van de in aanbouw zijnde dijk Enkhuizen-Lelystad, waarbij de hele vloot achter de horizontale regen verdween. Vlug de fok neergehaald en het zwaard een stukkie omhoog. We finishten uiteindelijk bekaf met een gereefd grootzeil en een riffie in de fok, voor de Kroesschouw *Vrouwe Helena*, die ongeveer een ton water had binnengekregen. De andere waren nog in geen velden of wegen te zien. De afknapper kwam toen we de haven binnenliepen; de hele meute lag al prinsheerlijk in de haven! Nou ja, het bleek dat zij de wedstrijd hadden gestaakt en rechtstreeks naar Hoorn waren gevaren, zodat wij dus winnaar waren.

De algemene waardering ging naar ons gezinnetje. Niemand beweerde natuurlijk dat we zo'n goed schip hadden, maar wij wisten wel beter.

(Zuid-Scharwoude, februari 1993)

Korte karakteristiek van de 9.00 meter Kok-zeeschouw

Zuiderzee-vissersschip, waarvan het type is ontstaan omstreeks 1900 uit de behoefte aan goedkopere bouw, eerst in hout en later in staal. Eenvoudig van vorm. Gemaakt uit platen die slechts in één richting behoeven te worden gebogen. Plat voorbord en platte spiegel. Goede zeiler. Zeezwaarden. Geschikt voor geheel Nederland, inclusief IJsselmeer en Wadden.

Algemene gegevens

Ontwerper	Jan Kok*
lengte over stevens	9.00 m
waterlijnlengte	7.70 m
breedte over berghout	3.42 m
diepgang	0.86 m
waterverplaatsing	± 8.5 ton
grootzeil	26.00 m²
botterfok	19.00 m²
kluiver	13.00 m²
aantal slaapplaatsen	5
hoogte in kajuit	1.80 m
masthoogte boven water	± 11.50 m
kruiphoogte	± 2.20 m
hulpmotor	± 25 à 30 pk
ballast	± 1200 kg in kiel

* Jan Kok is de derde in de rij scheepsbouwers. Vader Janus was bekend om zijn botterjachten, grootvader Joost om zijn snelle visbotters.

7 DE 9.25 METER HOOGAARS

Historie

De hoogaars is nu eens geen vissersschip van de Zuiderzee, maar een uit Zeeland. De historicus J. van Beylen schreef een voortreffelijk boek, *De Hoogaars*, waarin men kan lezen dat het schip heel oude papieren heeft. Er is een hoogaars afgebeeld op een schilderij van Jan Porcellis, die leefde van 1584 tot 1632, zodat de geschiedenis van dit scheepstype zeker tot die tijd teruggaat, en waarschijnlijk zelfs verder. Of het ook in Zeeland zijn ontstaan heeft gevonden, is niet zeker. Het zou kunnen zijn dat het aanvankelijk een transportvaartuig op de grote rivieren is geweest, dat vandaar in Zeeland is ingevoerd en, zoals Van Beylen zegt, 'daar gaandeweg als vissersschip in gebruik is gekomen'. Van de hoogaarzen die ons uit de recente geschiedenis bekend zijn, bestaan verschillende typen, die Van Beylen in zijn boek afzonderlijk bespreekt: de Kinderdijkse, de Arnemuidense, de Oostduivelandse, de Tholense en de Zeeuwsvlaamse, alle met hun eigen typische kenmerken. Ook was er al in een vroeg stadium de zogenaamde jachthoogaars.

Kenmerken

Enkele gemeenschappelijke kenmerken zijn:
– de zeer sterk vallende steven, die het schip niet alleen een sierlijke slanke indruk geeft, maar die ook gebruikstechnische betekenis heeft;
– een vlak dat aan de voorzijde zo vol en bot is, dat het bij de grote hoogaarzen vrijwel haaks tegen de voorsteven eindigt en dat vervolgens naar achter slank wegloopt; in zijaanzicht is dat vlak soms geheel recht, soms meer of minder opgebrand, hetzij alleen achter, hetzij zowel voor als achter; ronde vormen in achterschip en soms ook voorschip komen voor bij de zogenaamde Lemmer hoogaars;

2. Houten hoogaars. Zie de gestrekte lijn van het berghout en de sterk vallende steven

– het boeisel valt over de hele scheepslengte naar binnen;
– het berghout vertoont vanaf de voorsteven een vloeiende en dalende lijn, die moeilijk te maken is, omdat hij nergens een tegengestelde bocht mag vertonen; bij het achterschip maakt het berghout de voor de hoogaars zo karakteristieke zwaai omhoog, die recht van achter gezien de typische s-bocht oplevert;
– de spantdoorsneden ter plaatse van de mast zijn meestal helemaal recht, soms zijn ze licht gebogen; de beplanking kan zowel overnaads als gladboordig zijn;
– de spantdoorsneden in het achterschip zijn soms gepiekt.
U ziet dat er nogal wat verschillen zijn, maar de grote kenmerken zijn zo overheer-

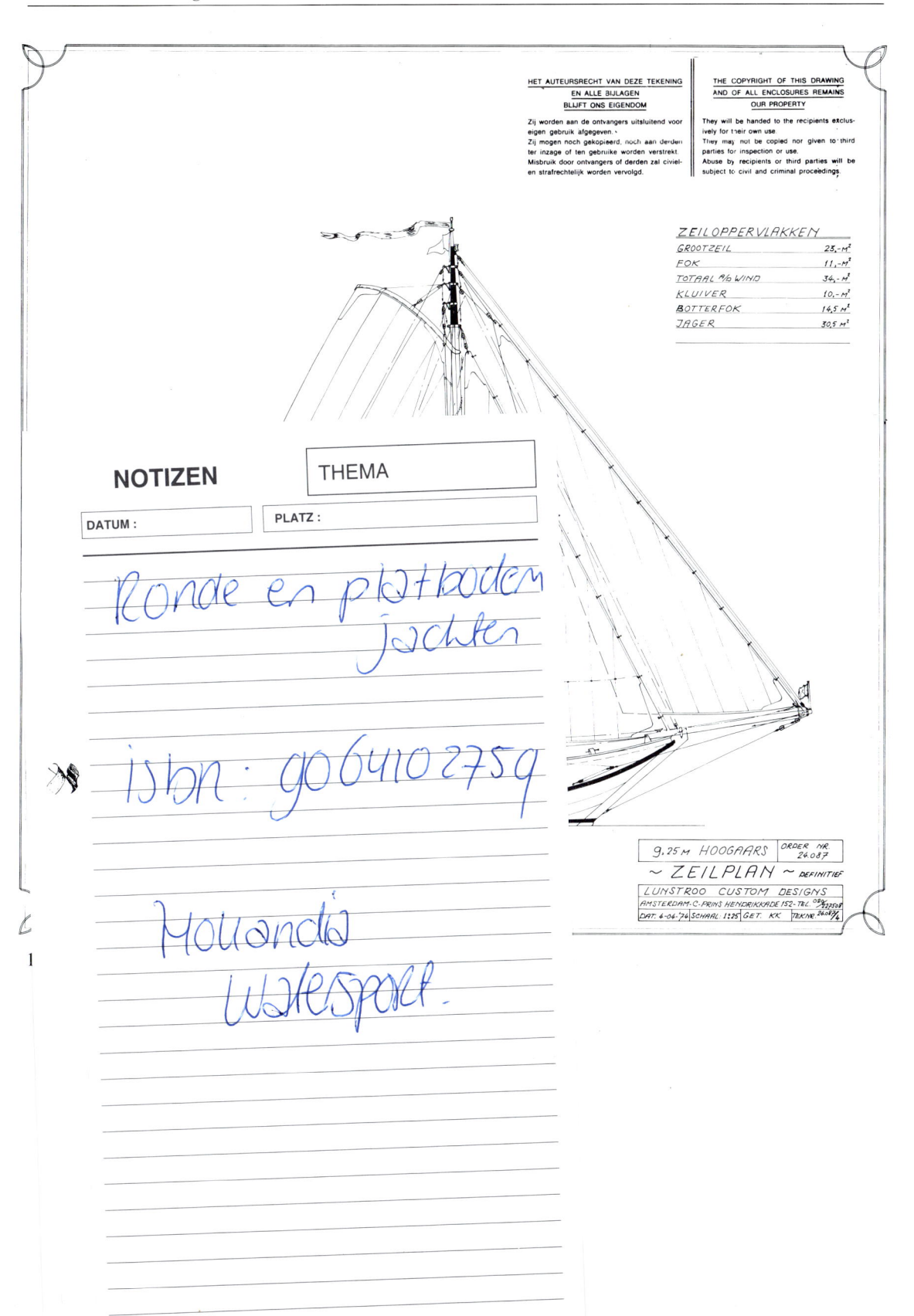

De 9.25 meter hoogaars

NOTIZEN — **THEMA**

Ronde en platbodem jachten

isbn: 9064102759

Hollandse watersport.

ZEILOPPERVLAKKEN

GROOTZEIL	23,- m²
FOK	11,- m²
TOTAAL a/d WIND	34,- m²
KLUIVER	10,- m²
BOTTERFOK	14,5 m²
JAGER	30,5 m²

9,25 M HOOGAARS — ZEILPLAN — DEFINITIEF
ORDER NR. 24.087
LUNSTROO CUSTOM DESIGNS
AMSTERDAM-C.-PRINS HENDRIKKADE 152 - TEL. 020/222508
DAT: 6-04-'76 SCHAAL: 1:25 GET. KK TEKNR 26.087/4

3. Houten hoogaars in Herkingen. Zie de zwaai van het berghout in het achterschip

send dat een hoogaars ogenblikkelijk als zodanig kan worden onderkend.

Wat het tuig betreft, valt op te merken dat de hoogaars de oorspronkelijke spriettuigage tot in de twintigste eeuw heeft bewaard. In de tweede helft van de vorige eeuw begonnen vissers ertoe over te gaan die in te ruilen voor de tuigage met de strijkende gaffel. Rampen op zee, waarbij diverse schepen verloren gingen, hadden twijfel doen rijzen of het spriettuig bij snel opkomend slecht weer wel handelbaar genoeg was. Desondanks heeft de Arnemuidense vloot het spriettuig tot het laatst toe gehandhaafd, net als dat kleine vaartuig van de Hollandse rivieren, de zalmschouw.

Ontwerp van de 9.25 meter Lunstroohoogaars

De ontwerper Henk Lunstroo tekende in 1974 een kleine hoogaars, waarvan destijds tussen de 25 en 30 exemplaren zijn gebouwd, voornamelijk bij de werf De Ruyter in Hardinxveld. Het is het enige mij bekende hoogaarsontwerp waarvan een flinke serie van enkele tientallen in de vaart is.

Voor zijn ontwerp is Lunstroo niet uitgegaan van de hoogaarzen uit Zeeland, maar van een kleiner schip met de kenmerken van de zogenaamde rivieren- of Kinderdijkse hoogaars.

Jachtschippers hebben vaak een voorkeur voor een bepaalde rompvorm, de ene groep ziet het liefst een rond schip, de andere houdt meer van een schouw, een grundel of een hoogaars. Voor die laatste groep is de hoogaars ongetwijfeld het sierlijkste vanwege de slanke indruk door de lange vallende steven en het fraai gevormde achterschip. Een grundel van dezelfde lengte over stevens heeft wel meer binnenruimte, maar wie verliefd is op de lijnen van de hoogaars neemt daarvoor graag met minder ruimte genoegen.

Ondanks die beperking wat betreft de ruimte, is de ontwerper erin geslaagd zijn 9.25 meter hoogaars een goede accommodatie mee te geven, zoals de plattegrond laat zien. Er is een stahoogte van 1.70 à 1.80 meter in de kajuit en in de toiletruimte; de kajuit is tot voorbij de mast doorgetrokken. De kuip is zelflozend; onder de kuipvloer is een tweecilinder dieselmotor, die enigszins in de kajuitruimte is ingebouwd doordat het schot tussen kuip en kajuit op halve hoogte schuin naar voren knikt. De kajuitingang zit aan stuurboordzijde, zodat de deur, die op hart schip scharniert, in geopende toestand symmetrisch tegen het schot komt te staan zonder boven het kajuitdak uit te steken. Het ontwerp is gedocumenteerd met uitvoerige tekeningen, waarvan het copyright te allen tijde bij de ontwerper blijft berusten. Voorafgaande gedetailleerde berekeningen werden gemaakt, zodat er weinig verkeerd kan gaan voor degene die naar dit ontwerp zou willen gaan bouwen.

Op te merken valt dat de hoek die de steven met de waterlijn maakt, ongeveer 40° is. Het ontwerp voldoet hiermee niet aan het in 1993 ingevoerde *Stamboek*-voorschrift dat

De 9.25 meter hoogaars 63

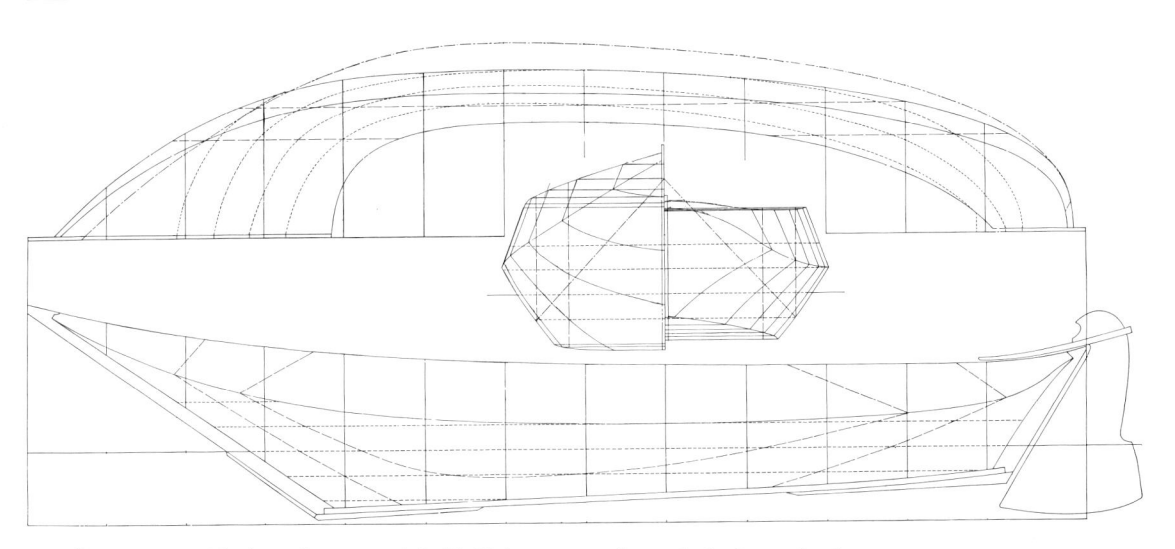

4. Lijnen van een Tholense hoogaars (uit: T. Huitema, *Ronde en platbodemjachten*)

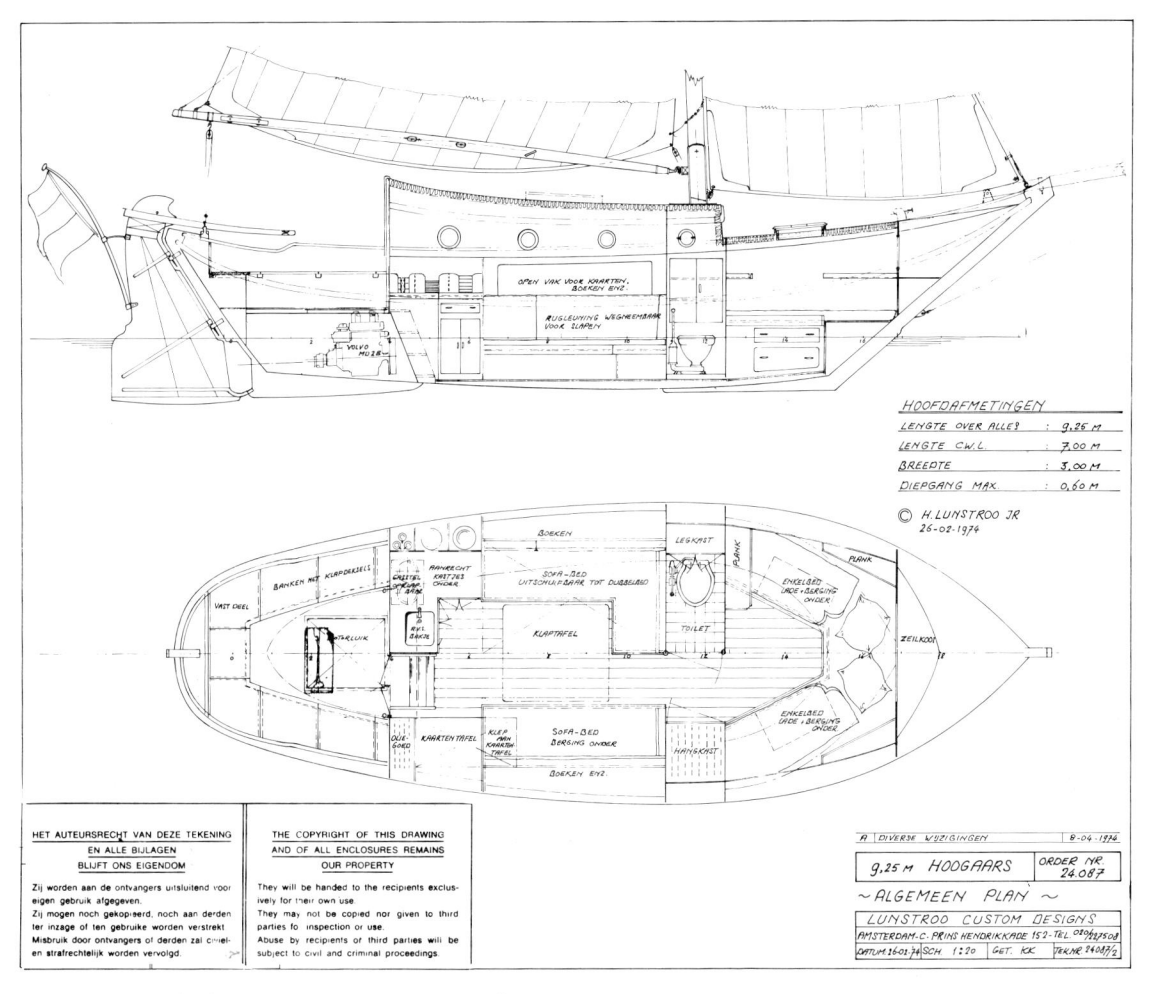

5. Inrichtingstekening van een 9.25 m Lunstroo-hoogaars

die hoek moet liggen tussen 32° en 35°. De steven van de Lunstroo-hoogaars staat iets rechter op, maar de ontwerper bestrijdt de *Stamboek*-bepaling. Die is wel goed voor de grote Zeeuwse hoogaarzen, zegt hij, maar niet voor de rivieren- of Kinderdijkse hoogaars. Het ziet ernaar uit dat hij het gelijk aan zijn kant heeft. Het meer genoemde boek van J. van Beylen toont op de bladzijden 41 en 48 tekeningen van hoogaarzen met een stevenvalling van circa 40,5° en 38°.

Vaareigenschappen en vaargebied

Met zijn 6.3 ton waterverplaatsing en zijn beproefde vorm is de 9.25 meter hoogaars een schip voor geheel Nederland, inclusief Zeeland, IJsselmeer en Wadden. Doordat de afmetingen van het schip beperkt zijn, behoeft het kleinere water, zoals de Randmeren en Friesland, niet te worden gemeden; een goed toerschip dus. Het zeiloppervlak is gematigd; grootzeil, botterfok en kluiver geven samen 47.5 m². Hierdoor komt het getal van het zogenaamd zeildragend vermogen, uitgedrukt in de formule: wortel zeiloppervlak gedeeld door de derdemachts wortel uit de waterverplaatsing op

$\sqrt{47.5}/\sqrt[3]{6.3} = 3.73$. Dit is ongeveer halverwege de door het *Stamboek* aangegeven boven- en ondergrens. Blijkbaar is gemikt op handzaamheid en niet op het onderste uit de kan voor wedstrijdresultaten, een te waarderen uitgangspunt. De verdeling van het zeiloppervlak over grootzeil en voorzeilen is evenwichtig, wat eveneens bijdraagt aan een goede hanteerbaarheid. Voor de zwaarden is niet gekozen voor het oude Zeeuwse model, maar voor het beter geprofileerde model van de Zuiderzeezwaarden. Een goed te verdedigen keuze.

Over het varen met een hoogaars

Voor dit vaste onderdeel in elk hoofdstuk dit keer eens niet het verhaal van een jachteigenaar, maar dat van een ooggetuige die de oude houten hoogaarzen nog heeft zien varen, en verder het verhaal van een schipper op zo'n oude houten hoogaars.

Na de oorlog maakte ik kennis met de schilder W. Vaarzon Morel, die leefde van 1902 tot 1982 en die destijds woonachtig was in Veere. Hij was door kinderverlamming op latere leeftijd aan zijn rolstoel gekluisterd en portretteerde vanaf de kaden

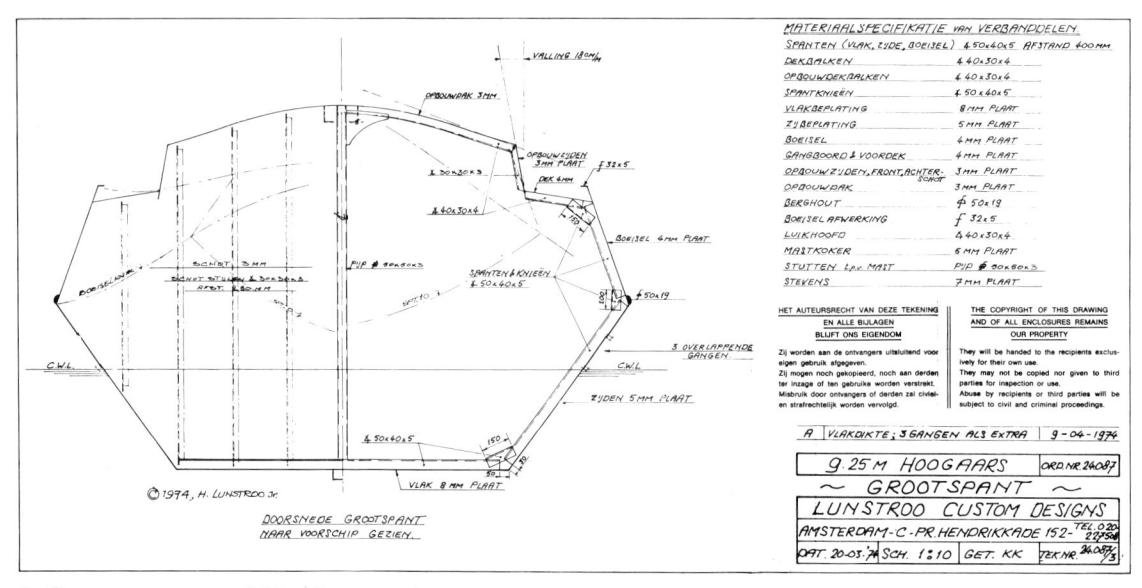

6. Grootspant van een 9.25 m Lunstroo-hoogaars

van Veere en Vlissingen de hoogaarzen in de nadagen van hun zeiltijd. Van hem is het volgende verhaal:

'Hoogaars betekent letterlijk hoog kontje. Dit hoog slaat niet op het achterschip boven water, maar onder water. Het vlak is namelijk aan de voorzijde het diepst en loopt naar achter op. Het roer steekt daar onderuit en wordt aangeduid als een vissend roer. Als de hoogaars in de geulen en de prielen van Zeeland aan het vissen was – de garnalenvangst was een hoofdbezigheid –, dan gebeurde het vaak dat het schip vastliep. Men kon dan het vissende roer met een speciaal daarvoor bestemde talie snel ophalen en het schip laten omzwaaien. Meestal kreeg men dan het schip meteen vlot en kon het werk doorgaan zonder noemenswaardige onderbreking. Er is wel geprobeerd de botter voor deze visserij te gebruiken, maar dat was geen succes. Als de botter vastliep, zat hij ook goed vast en dat was kostbaar tijdverlies dat de vissers zich niet konden veroorloven. Daarom heeft de botter de hoogaars nooit kunnen vervangen. De hoogaars was nu eenmaal perfect voor de plaatselijke omstandigheden. Nog een voorbeeld van die perfectie is de lange vallende steven. Hoogaarzen hadden in het algemeen geen bun, het waren zogenaamde droge schepen. In het ruim stond de kookpot voor de garnalen. Die lange steven zorgde ervoor dat het buiswater de kookpot niet al te snel bereikte.'

Het verhaal van de schilder Vaarzon Morel, die goed bekend was met het werk van de Zeeuwse vissers, geeft weer hoe de traditionele Nederlandse vaartuigen in hoge mate waren toegespitst op de bruikbaarheid in een bepaald vaargebied. Het is een uitdaging voor de jachtontwerpers en jachtbouwers van tegenwoordig om hun nieuwe schepen eveneens voor de volle honderd procent geschikt te doen zijn voor het nieuwe doel: het gebruik als jacht.

Het tweede verhaal komt van visser Moerkerken, die onze buurman was in de tijd dat wij aan de haven van Ouddorp woonden. In 1921 kwam hij als elfjarig jongetje op een hoogaars. Wij hebben tegenwoordig de neiging op die tijd terug te kijken als iets romantisch, maar de werkelijkheid was even anders, waar kinderarbeid nog de gewoonste zaak van de wereld was.

Toen Moerkerken later zelf zijn eigen hoogaars voer, was hij wat men noemde een 'stoute' schipper, die nergens bang voor was. Zijn hoogaars was wel klein, maar kon de competitie met de grotere schepen heel best aan. In de steeds terugkerende strijd om de vangst het eerst aan de wal te brengen, was hij vaak de snelste, omdat zijn kleine hoogaars een kortere weg kon nemen door af te steken over de banken. Dat hield risico's in, maar dat was juist iets voor hem.

Een van zijn verhalen illustreert trouwens hoe een moeilijke tijd ook grote saamhorigheid kan opleveren. Een schipper uit Zeeland, die zijn hoogaars net helemaal had laten opknappen en daarvoor al zijn kapitaal plus geleend geld had neergeteld, verloor zijn schip in een bui. Een zware windstoot veegde het ondersteboven. Gelukkig werden de schipper en zijn maat gered door een nabijvarend vaartuig. De schipper huilde tranen met tuiten, want hij zag zich in één klap aan de bedelstaf. Toen de volgende dag de wind geluwd was, voer een kleine vloot vissersschepen naar de plaat waarop de hoogaars was verdaagd. Hij werd met vereende krachten geborgen en vervolgens in een week tijd weer vaarklaar gemaakt.

Moerkerkens eigen hoogaars overleefde de oorlog niet, want die werd samen met een aantal andere vaartuigen door de Duitsers tot zinken gebracht. De treurnis om zijn hoogaars was uiteindelijk niet erg groot, want het motorkottertje dat hij nadien voer, was heel wat gemakkelijker, al was het verplicht behalen van het diploma 'motordrijver' nog een hele klus.

Korte karakteristiek van de 9.25 meter hoogaars

Gebouwd naar het model van de vissersschepen uit Zeeland, respectievelijk van de Zuidhollandse rivieren. Slanke indruk door lange vallende voorsteven. Fraai gevormd achterschip. Goed toerschip voor gemiddeld gezin en geschikt voor geheel Nederland, inclusief IJsselmeer en Wadden. Zeezwaarden.

Algemene gegevens

Ontwerper	H. Lunstroo
lengte over stevens	9.25 m
lengte waterlijn	7.00 m
breedte op grootspant	3.00 m
breedte over zwaardklampen	3.15 m
diepgang	0.60 m
waterverplaatsing	6.3 ton
grootzeil	23.00 m²
botterfok	14.50 m²
stagfok	11.00 m²
kluiver	10.00 m²
aantal slaapplaatsen	5
stahoogte kajuit	1.70 à 1.80 m
masthoogte boven water	± 10.00 m
kruiphoogte	± 2.10 m
binnenboordmotor	± 18 à 20 pk

8 DE 9.84 METER SCHOKKER

Historie

De schokker is een vissersschip van de voormalige Zuiderzee. Beter is het te spreken over de schokkerfamilie, want er voeren verschillende soorten schokkers, die allemaal een aantal basiseigenschappen gemeen hadden. Niet alles over de historie is echt goed bekend. Een gravure van C. Groenewegen uit 1791 laat een schokkerachtig vaartuig zien, maar het is duidelijk dat de oorsprong van de schokker veel verder teruggaat. Sommigen zeggen dat die niet Fries of Hollands is, maar Saksisch, en dat de verspreiding gegaan is van oost naar west, van Overijssel naar Urk en Schokland en tenslotte verder naar Enkhuizen en Den Helder. Ook weet men nog niet recht waar de naam vandaan komt; van Schokland? Het zou kunnen, maar erg waarschijnlijk is het niet.

Naar huidige begrippen verstaat men onder een schokker een vissersvaartuig met rechte stevens die elk een zekere valling vertonen. De voorsteven heeft een schuinte die het midden houdt tussen die van de grundel en die van de hoogaars. De stevens zijn opgericht op een smal lancetvormig vlak, van waaruit de zijden breeduit naar buiten gaan. De gangen die daarop met een knik aansluiten, completeren de rompvorm onder het berghout. In de midscheeps ligt dat berghout tamelijk laag op het water om van daaruit met een steeds opgaande lijn op te klimmen naar de stevens. Het boeisel valt sterk naar binnen en blijft dat doen over de gehele lengte. Vlak voor de voorsteven eindigt het boeisel in een 'gilling', die plaats biedt aan de gebogen beretanden.

Naast de zware voorsteven bevindt zich een stevenklamp, de zogenaamde snoes; tussen snoes en steven werd een dreganker gevoerd. Soms was het achterschip onder water gepiekt. Schepen met deze familieken-

1. Zeiltekening van een 9.84 m Vreedenburghschokker

2. Model van een houten schokker (foto Zuiderzeemuseum)

3. Kleine houten schokker, gefotografeerd in 1955 in Elburg

merken waren er in diverse afmetingen. Ze in te delen is een hachelijke zaak, maar men zou met een ruwe aanduiding drie groepen kunnen noemen:
– de grote Zuiderzeeschokker van omstreeks 15 meter, een zeewaardig vaartuig, dat ook op de Noordzee werd gebruikt, hetzij als vissersschip, hetzij als loods- of reddingvaartuig;
– een kleinere schokker van zo'n 12 meter, die in twee vormen voorkwam: één met een spantvorm, gelijksoortig aan die van de grote schokker, en één met een minder diepe spantvorm, en die werd aangeduid als 'bons'. Dit type kwam veel voor in Elburg;
– de nog kleinere Vollenhover schokker of -schuit van 10 à 11 meter, die scherpere einden had en deswege verwant was aan de Overijsselse punter.

De grote Zuiderzeeschokker, de kleinere bons en de Vollenhover schuit worden alle drie als schokker aangeduid vanwege hun gemeenschappelijke kenmerken. Ze hebben naaste verwanten in de pluut en de punter, maar deze vertonen zodanige karakteristieke verschillen dat ze niet tot de schokkerfamilie kunnen worden gerekend.

Keuze van het voorbeeld

Als voorbeeld van een schokker koos ik de kleinste van de drie, te weten de Vollenhover schuit of -schokker, volgens een ontwerp uit 1955 van ir. H. Vreedenburgh. Deze ontwierp in dat jaar voor eigen gebruik een kleine schokker van 9.84 meter naar een tekening die hij vond in het boek van P. J. V. M. Sopers. Deze tekening was het resultaat van de opmeting van een iets grotere houten schokker van 10.75 meter, die omstreeks 1850 gebouwd moet zijn.

Naderhand zijn er naar het Vreedenburgh-ontwerp meer dan tachtig van deze exemplaren gebouwd, zestig in de lengte van 9.84 meter en vierentwintig in een 10% grotere versie van 10.75 meter, gelijk dus aan de oorspronkelijke lengte van de Sopers-schokker. Het grote aantal dat van de Vreedenburgh-schokkers is gebouwd, bewijst wel dat het vaartuig goed voldeed en in de Nederlandse platbodemwereld waardering heeft gevonden. Ondanks dat succes, of misschien juist wel vanwege dat succes, zijn de Vreedenburgh-schokkers de laatste tijd bekritiseerd: ze zouden te scherp zijn in het voorschip.

Het was tijdens een zomeravond op het water dat ik een platbodemzeiler de volgende tirade hoorde afsteken:
'Sedert de Nederlanders hun godsdiensttwisten zo jammerlijk zijn kwijtgeraakt, compenseren ze dit onverdraagbare gemis door te kibbelen over de authenticiteit van hun platbodems. Er zijn rekkelijken en preciezen, rechtzinnigen en ketters, fundamentalisten (zoals in alle religies voeren die meestal het hoogste woord) en tenslotte de vrijdenkers. Ieder meent het enig ware geloof te bezitten. De emoties laaien hoog op. Beschuldigingen vliegen over en weer; banvloeken worden uitgesproken. En allemaal zijn ze op zoek naar de eigen hoogstpersoonlijke weg naar de platbodem-zaligheid. Jammer dat ze elkaar zo naar het leven staan.'

De 9.84 meter schokker 69

DE VOLLENHOVENSCHE SCHOKKER

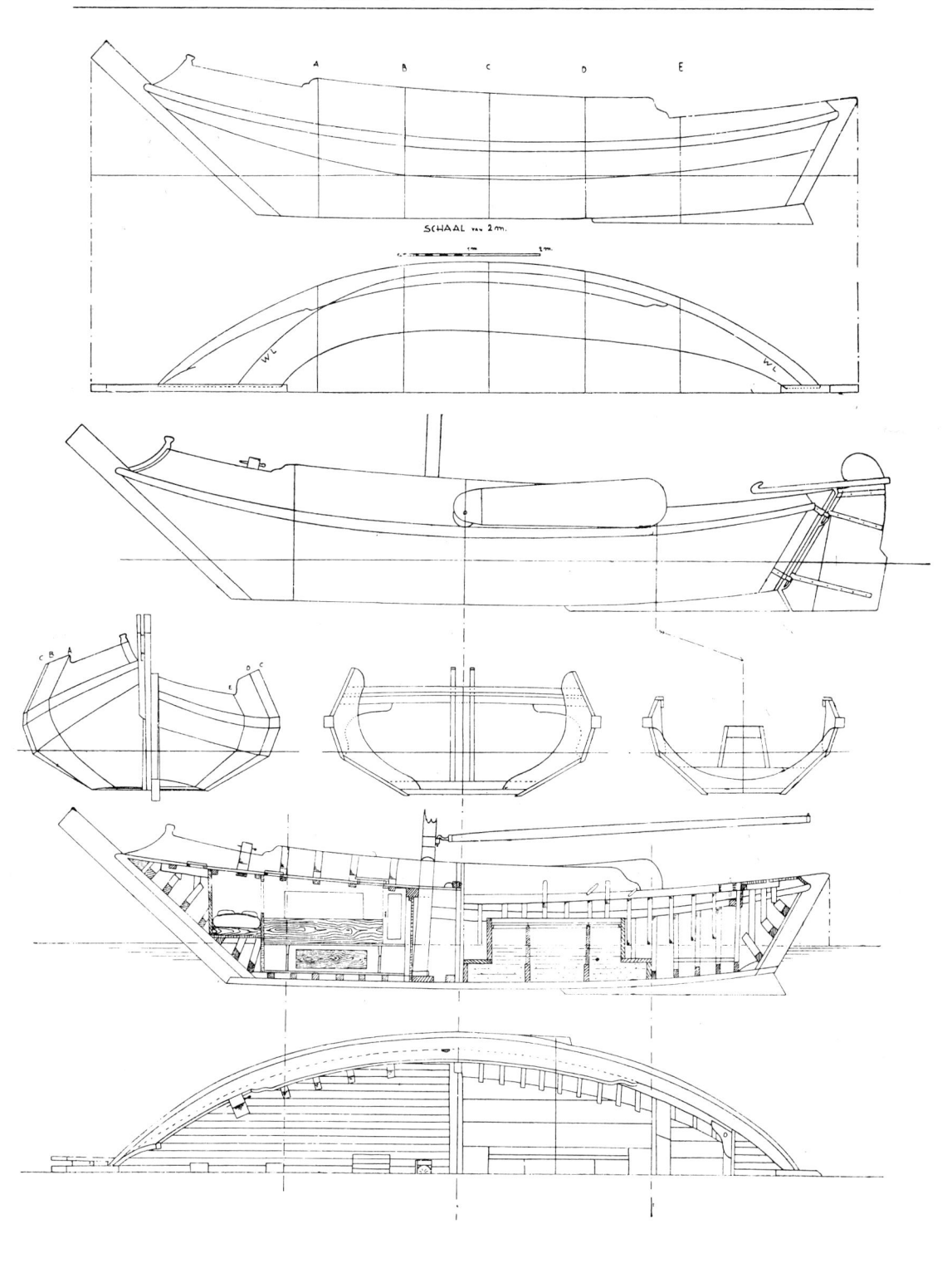

4. De 10.75 m Vollenhover schokker van Sopers

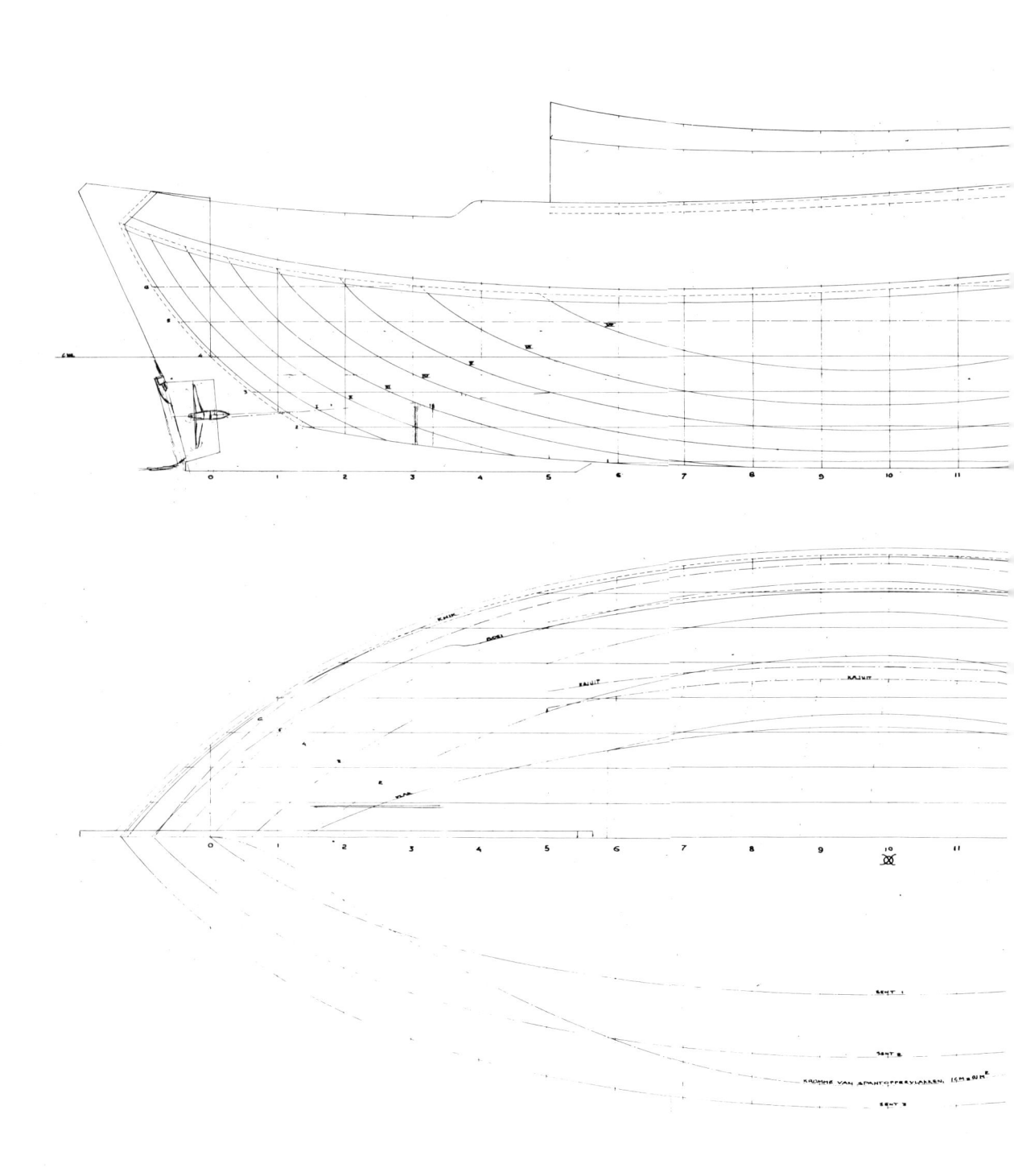

5. Lijnentekening 9.84 m Vreedenburgh-schokker

– SCHOKKERJACHT –

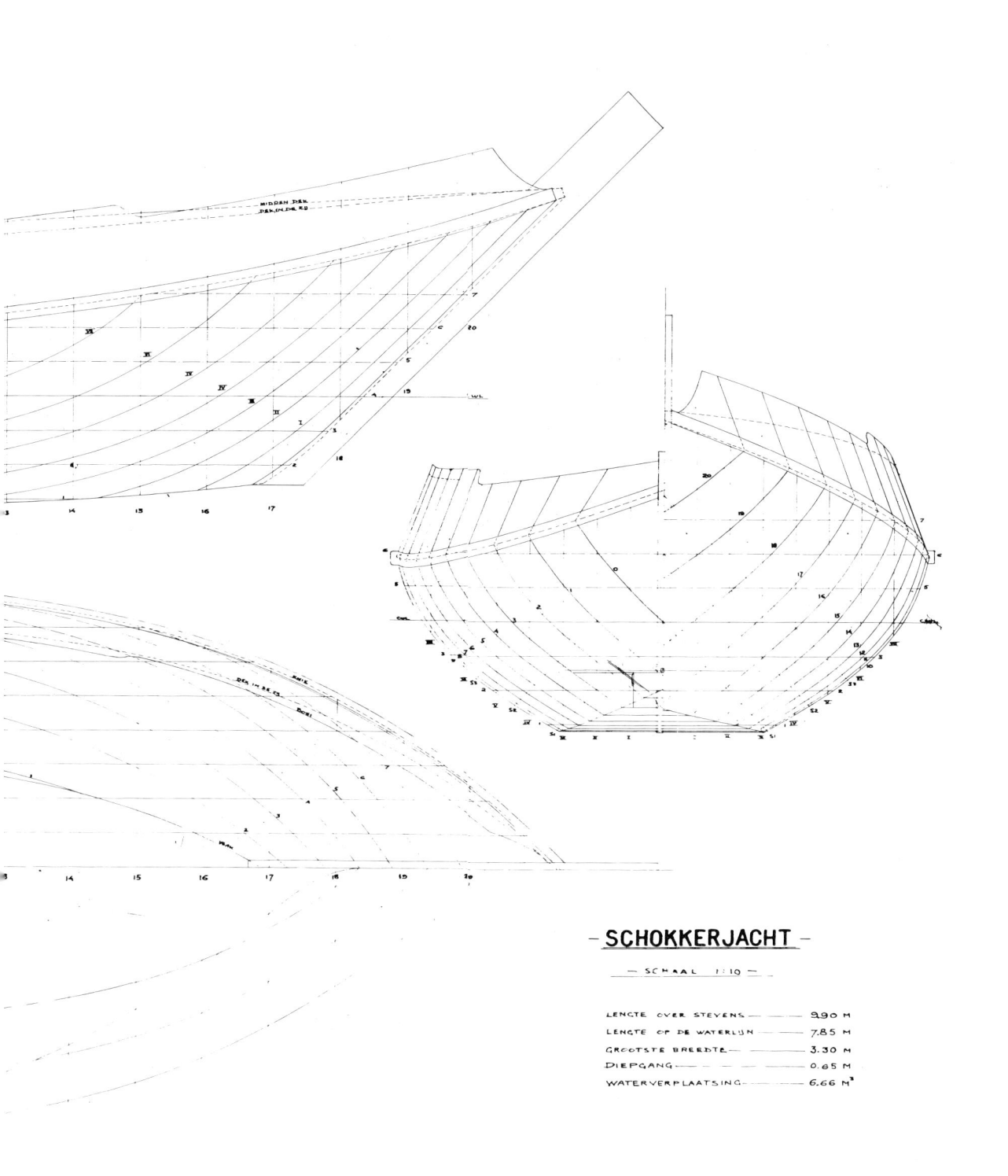

– SCHAAL 1:10 –

LENGTE OVER STEVENS	9.90 M
LENGTE OP DE WATERLIJN	7.85 M
GROOTSTE BREEDTE	3.30 M
DIEPGANG	0.85 M
WATERVERPLAATSING	6.66 M³

L.H. VREEDENBURGH.
A22   1955

Tegen de onterechte kritiek op de te scherpe einden van de schokker keerde zich de commissie die de Stichting Stamboek Ronde en Platbodemjachten adviseert omtrent aanvullende criteria voor Lemsteraken, schokkers en hoogaarzen. De commissie oordeelde: 'Van oudsher zijn kleine schokkers gebouwd, die in feite hun oorsprong vonden in de punters op de binnenwateren. Deze zogeheten Vollenhovense schokkers zijn aanmerkelijk slanker en hebben andere kenmerken dan de grote schokkers. Een afleiding hiervan, het ontwerp-Vreedenburgh, is gepubliceerd in het boek *Ronde en Platbodemjachten*, uitgegeven onder redactie van mr.dr. T. Huitema.'

Persoonlijk vind ik dat de Vreedenburgh-schokker een van de fraaiste en best zeilende platbodems in Nederland is. Vandaar mijn keuze om die in dit hoofdstuk te behandelen.

Ontwerp van de 9.84 meter Vollenhover schokker

De 9.84 meter Vreedenburgh-schokker is weliswaar kleiner dan de 10.75 meter schokker uit het boek van Sopers, maar vertoont daarmee in rompvorm opvallende overeenkomst, zij het dat de spanten onder het berghout gebogen lijnen te zien geven, in tegenstelling tot de knikspantvorm van Sopers. Toen Vreedenburgh later een vergrote versie van zijn ontwerp tekende met een lengte van 10.75 meter, maakte hij er tevens een in knikspant. Het ontwerp heeft de typische karakteristiek van de schokkerfamilie: het smalle lancetvormige vlak, de sterk uitwaaierende zijden, de grote breedte midscheeps, de scherpe einden en tenslotte de zeer herkenbare forse voorsteven met snoes. De voorsteven heeft de voor schokkers gebruikelijke valling als eerder beschreven. De mast staat ver naar achter, wat een smal en hoog grootzeil oplevert en een grote botterfok.

Een ontwerp is pas geslaagd als het schip voor de volle honderd procent beantwoordt aan het beoogde doel. Voor de 9.84 meter Vreedenburgh-schokker was de opzet, een jacht dat goed en handzaam zeilt, dat bovendien geschikt is om een gezin accommodatie te verschaffen, en dat behalve op het binnenwater incidenteel ook in de kustwateren zou kunnen worden gebruikt.

De 9.84 meter schokker is een platbodem waarvoor uitvoerige berekeningen werden gemaakt omtrent de te verwachten eigenschappen, onder meer wat betreft stabiliteit en snelheid. In de praktijk bleek de *Albatros*, zo heette het eerste exemplaar, aan alle vereisten en berekeningen ruimschoots te voldoen. De ontwerper en zijn gezin zeilden de *Albatros* succesvol op toertochten en in wedstrijden in Nederland en ook op diverse vakantietochten naar de Engelse oostkust.

Inrichting

De tekening laat zien dat de kajuitopbouw zeer bescheiden is gehouden. De kajuit blijft achter de mast, wat een prettig groot voordek oplevert. Door de diepe spantvorm is de stahoogte in de kajuit toch nog ruim 1.80 meter en is de hoogte in het vooronder ook heel behoorlijk, ongeveer 1.55 meter. De kuipvloer is zelflozend met voldoende hoogte voor een hulpmotor. Voor de indeling van de *Albatros* wordt verwezen naar het opgenomen grondplan. Op het voordek is een luik van speciale constructie, dat zorgt voor ventilatie en licht. De ramen in de kajuitopbouw zijn ronde of ovale lichtranden en patrijspoorten. Bijzonder, althans voor de tijd waarin de *Albatros* werd gebouwd, is de bodem van een 25 millimeter dikke staalplaat, die spantloos is (hoogtewinst) en die zorgt voor laaggelegen ballast en daarmee tevens voor vergroting van de eindstabiliteit. Het is een constructief uitstekende oplossing, die later in veel andere ontwerpen is nagevolgd.

De 9.84 meter schokker

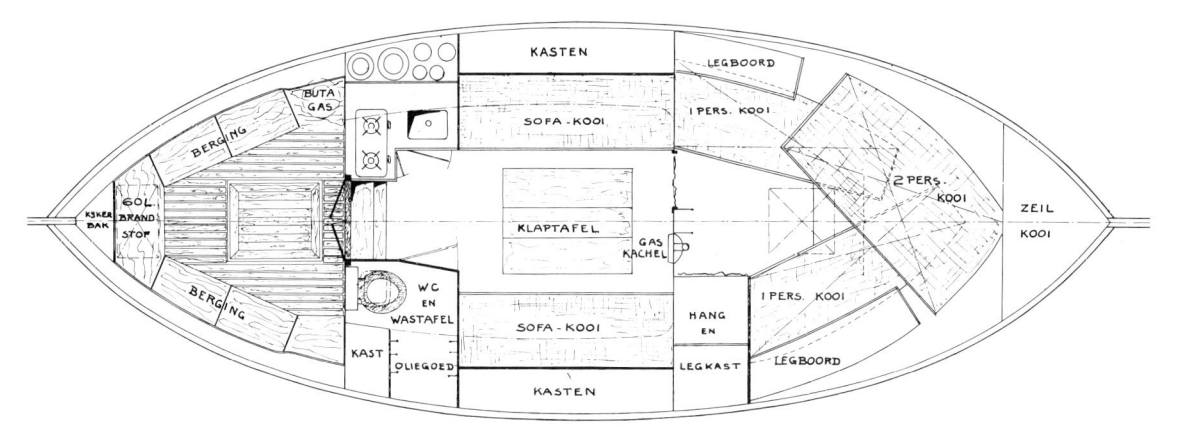

6. Inrichtingstekening 9.84 m Vreedenburgh-schokker

Vaareigenschappen en vaargebied

De 9.84 meter schokker is een uitstekende zeiler. Voor de wind is hij niet bijzonder snel, maar hoog aan de wind is hij moeilijk te verslaan. Hij beweegt zich soepel in golven en is gemakkelijk bestuurbaar. De tuigage is eenvoudig: één want op een wantputting 50 centimeter achter de mast, geen bakstagen, één val voor het hijsen van het grootzeil, één lijn zonder blokken voor het rechtstreeks hijsen en strijken van het zwaard. Het ontwerp geeft alleen grootzeil en botterfok. Er is geen kluiver getekend, al kan die wel worden gevoerd. Om de schoot van de grote fok te bedienen, zijn er op den duur wel een paar schootlieren gekomen.

Het strijken van de mast gebeurde aanvankelijk met een handtakel en met de loopplank als sprenkel. Latere schepen kregen meestal een mast/ankerlier.

Van de zwaarden heeft Vreedenburgh een uitvoerige studie gemaakt, waarvan hij verslag deed in enkele artikelen in *Spiegel der Zeilvaart* van 1991 en 1992. Hij beschrijft daarin hoe hij een methode ontwikkelde om voor een willekeurige platbodem met behulp van de computer te bepalen hoe groot het zwaardoppervlak moet zijn, welke vorm het zwaard moet hebben en waar de ophanging moet komen. Een interessant onderdeel van zijn verhaal betreft een correctie op de gebruikelijke draagvleugelvorm. Hij adviseert het profiel aan de achterkant een kleine tegengestelde slag te geven om het ongewenste omhoogkomen van het zwaard tegen te gaan.

De 9.84 meter schokker is een tamelijk rank schip, dat wat meer helt dan platbodems gewoonlijk doen. Gevaar is daar niet bij, omdat de meer dan gebruikelijke gewichtsstabiliteit bewerkt dat uiteindelijk het schip onder die helling ligt als een huis. De eindstabiliteit van deze schokker is relatief hoog.

Wat het vaargebied betreft, is het schip geschikt voor geheel Nederland en voor de kustwateren, mits uiteraard met voorzichtigheid. Die voorzichtigheid is onder meer nodig vanwege de grote kuip die platbodems gewoonlijk hebben. Daar kan een flinke plons water in. Naast de bekende voorzieningen moet worden gedacht aan: waterdichte kuipbanken, grote loospijpen in de zelflozende kuipvloer, een knevelbaar motorluik en tenslotte een schot in de kajuitdeuropening dat water buiten houdt (een wash-board noemen de Engelsen dat). Eventuele kwetsbare ramen in dat achterschot moeten kunnen worden afgedekt. Een goede lenspomp is ook een vereiste. Ik wil daar tenslotte nog aan toevoegen: een zeereling, hoewel ik weet dat anderen dat een onding vinden. Door de Stichting Stamboek Ronde en Platbodemjachten wordt een zeereling thans toegestaan, zij het met de toevoeging dat die niet gebruikelijk is. Op een tjotter of soortgelijk jachtje zou zoiets inderdaad misstaan, maar op een jacht dat zich naar buiten begeeft, is het mijns inziens een goede veiligheidsvoorziening. (Helaas heeft het ontbreken van een zeereling in het verleden een enkele maal geleid tot een dodelijk ongeluk.)

De schokker is natuurlijk geen oceaanschip, zijn zeewaardigheid is beperkt. Ik hoorde de ontwerper zeggen: windkracht zeven kan hij aan, windkracht acht wordt penibel. Wie naar buiten wil, doet goed met het vorenstaande rekening te houden.

Zeilervaringen met de 9.84 meter schokker *Judikje*
(door Poppe van Rook en Carla van Mierlo)

Wij zijn beiden zestigplussers en hebben van jongs af ervaring met zeilen, zodat ieder van ons – niet voor de lol, maar wel indien nodig – het schip alleen kan zeilen en manoeuvreren. Voordat een Vreedenburgh-schokker gekocht werd, voeren we in een International Folkboat. Voor de schokker is gekozen, omdat we allebei vroeger platbodem gevaren hadden en dachten dat die genoeg comfort zou bieden om veel aan boord te kunnen zijn. Vooral ook omdat zo'n schip voldoende handzaam is om door twee wat jongere ouderen te worden bemand. Vanaf 1988 zijn we vijf maanden per jaar aan boord.

De *Judikje* is uitgerust met kompas, echolood, pelorus, decca, radarreflector, marifoon en, belangrijk, een kachel.

Het schip werd in 1985 gekocht en tijdens de zomervakanties in dat jaar en in 1986 geprobeerd (voorzichtig, want in 1987 werd de motor van de schipper gerevideerd, hij kreeg een nieuwe aortaklep).

1988, 1989 en 1990: de Nederlandse en de Oost- en Noordfriese Wadden.

1991: via de Belgische kust, het Franse Gravelines, een oversteek naar Ramsgate, naar de East Anglian Coast, ofte wel de East Coast Rivers.

1992: via Kielerkanaal en Oostzee naar Rügen, Hiddensee en Zingst, en afgezakt tot de Peene-monding.

1993: we blijven wat dichterbij.

De manoeuvreerbaarheid was het enige aan de schokker wat tegenviel. De draaicirkel was groot en het schip verwaaide snel. Net als veel andere platbodems heeft de schokker het bezwaar zijdelings weg te drijven bij weinig vaart tijdens het wenden en keren in havens of nauwe vaarwaters. Het kostte ons de nodige moeite dit probleem te overwinnen. Bij zeegang ging het opgetrokken loefzwaard vaak zeer hinderlijk slaan. De steunklamp is nu verhoogd en samen met een lusje maakt dit dat het loefzwaard niet meer kan bewegen, ook niet bij hevig geslinger.

Betreffende de zeilvoering het volgende. Eerst bestond die uit grootzeil en botterfok. Thans is de laatste vervangen door een stag-

7. De 9.84 m Vreedenburgh-schokker *Judikje* van de familie De Rook in de haven van Ramsgate (foto Paul Lauterslager)

fok en een kleine kluiver met samen ongeveer evenveel vierkante meters. De stagfok is uitgevoerd als zelfwendende boomfok met een schoot via de overloop. De kluiver is een rolkluiver. Heiligschennis?! De opgerolde kluiver blijft bij het toppen van de kluiverboom zitten. Het grootzcil wordt gehesen met één val, waarvan het losse uiteinde aan de klauw is vastgemaakt. Het grootzeil is verder voorzien van Lazy Jacks, die maken dat tijdens het zeil strijken het uitzicht van de roerganger vrij blijft. De verwachting dat deze zeilvoering, vooral in zeer beweeglijk water, het dekwerk veel lichter zou maken, is dit jaar bewaarheid, ook al is het complexer geworden. Aan de regel 'een hand voor jezelf en een voor het schip' wordt beter voldaan.

(Amsterdam, december 1992)

Noot van de schrijver: Ik ben geen voorstander van rolkluivers, boomfokken en Lazy Jacks. Ik vind die niet in overeenstemming met de eenvoud van het platbodemsysteem. Een grote boomfok met een zwaar rondhout vind ik zelfs niet ongevaarlijk. Maar iedere schipper is koning op zijn schip en maakt zijn eigen wetten, toegespitst op zijn persoonlijke manier van varen. En indien al wat oudere zeilers zich daardoor in staat voelen lange tochten te maken zonder dat ze te vroeg veroordeeld worden tot een motorboot, dan heb ik daar vrede mee, ook al zal ik die zaken in het algemeen niet aanbevelen.

Korte karakteristiek van de 9.84 meter schokker

Sterk schip met slanke einden. De machtige rechte steven heeft een valling ergens tussen die van de grundel en de hoogaars. Voor de wind niet uitzonderlijk snel, maar aan de wind moeilijk te overtreffen. Weerbaar vaartuig dat spoedig helt, maar grote eindstabiliteit heeft. Buist weinig. Vaargebied geheel Nederland en – met voorzichtigheid – kustwater. Zeezwaarden. Wat zeilkwaliteiten betreft, schip voor fijnproevers.

Algemene gegevens

Ontwerper	ir. H. Vreedenburgh
lengte over stevens	9.84 m
lengte waterlijn	7.80 m
breedte op grootspant	3.20 m
breedte over zwaardklampen	3.30 m
diepgang	0.65 m
waterverplaatsing	± 6.65 ton
grootzeil	26.00 m²
stagfok	13.20 m²
botterfok	19.50 m²
aantal slaapplaatsen	6
stahoogte kajuit	1.92-1.82 m
masthoogte boven water	± 11.60 m
kruiphoogte	± 2.00 m
binnenboordmotor	± 18 à 24 pk

9 DE LEMSTERAAK

Historie

De Lemsteraak is een van de jonge vissersschepen van de Zuiderzee, ontstaan omstreeks de eeuwwisseling in Lemmer en naaste omgeving. In deze kustplaats hebben de vormen van ronde Friese binnenvaartuigen en die van vissersschepen van de Zuiderzee, elkaar beïnvloedend, geleid tot de ontwikkeling van een nieuw scheepstype. Wie van deze historie wil kennisnemen, kan dat onder andere doen door lezing van het boek van mr.dr. T. Huitema, *Lemsteraken – van visserman tot jacht*, uitgegeven in 1982 bij Uitgeverij Heureka te Weesp in samenwerking met de Stichting Stamboek Ronde en Platbodemjachten.

Diverse werven hebben aan de ontwikkeling van het schip bijgedragen: Bos in Echtenerbrug, Croles in IJlst, Holtrop van der Zee in Joure, Stapel in Enkhuizen, maar vooral de werf van De Boer in Lemmer, die het grootste aandeel in de akenvloot leverde. In 1898 duikt voor de eerste maal de naam Lemsteraak op in de snijboeken van een zeilmaker. Vanwege zijn goede eigenschappen is de Lemsteraak op een gegeven moment ook in Zeeland als vissersschip gebruikt. In een vroeg stadium werden al Lemsteraken als jacht gebouwd, bijvoorbeeld de 8.70 meter *Antje* in 1907.

Kenmerken

Afgezien van onderlinge detailverschillen, doordat diverse werven zich met de bouw bezighielden, kunnen de rompkenmerken

1. De 9.10 m aak *Lustigheijt* van de familie Jonker uit Sleeuwijk

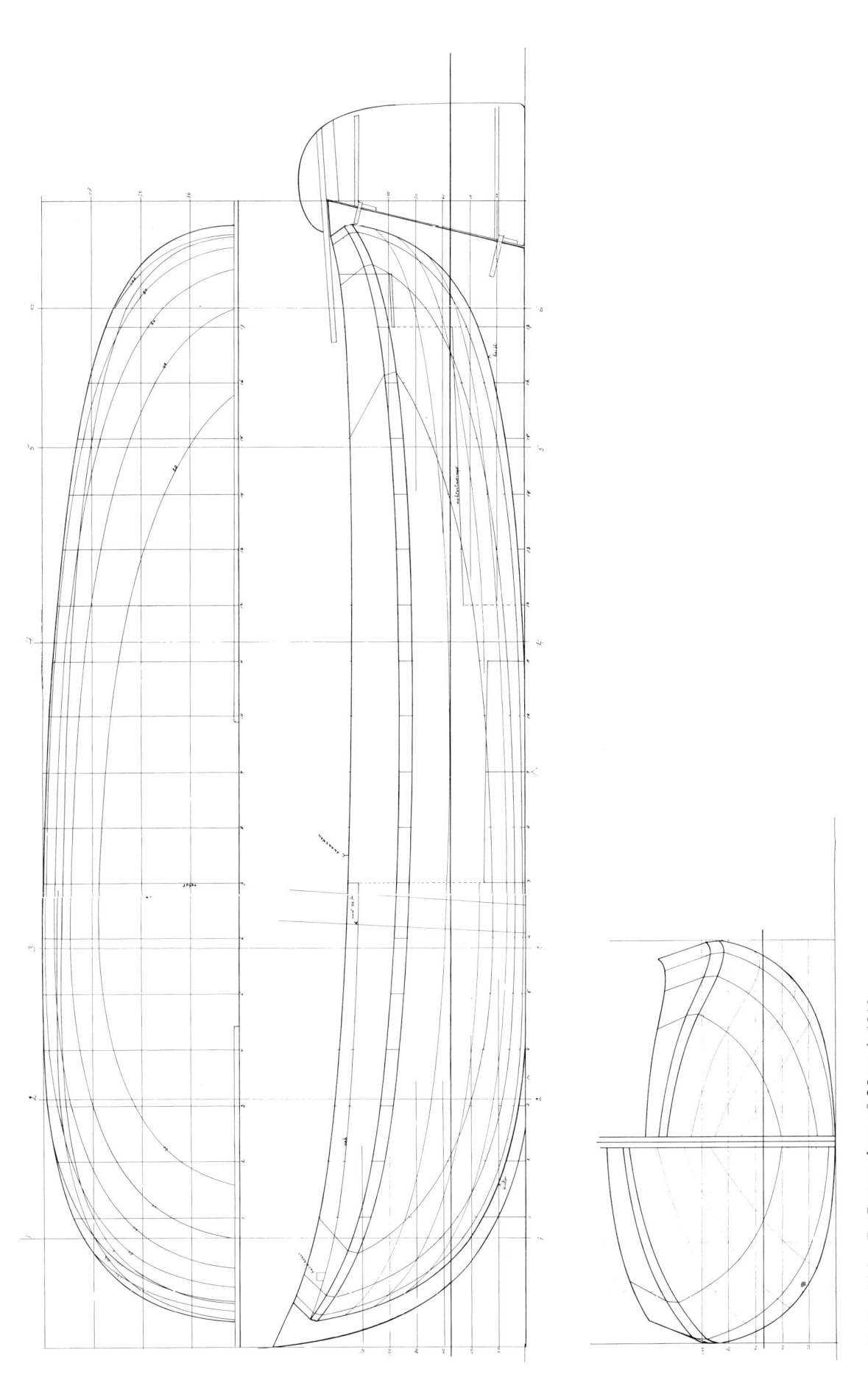

2. Een kleine De Boer-aak van 8.25 m uit 1912

van de Lemsteraak als volgt worden samengevat:
- het is een rond schip, dat wil zeggen dat de spantvorm geen duidelijke knik vertoont, althans niet bij de ijzeren Lemsteraken; men zegt dat de lijnen nergens stilstaan;
- de kop, die een gebogen steven heeft, is vol en rond en vrij hoog; het achterschip is laag en rond, zij het dat het hoogteverschil in voor- en achterschip niet zo extreem groot is als bij de botter;
- de waterlijn heeft een mooie ovale lijn, van voor naar achter versmallend;
- in het begin werden sommige aken ook met een kielbalk gebouwd, al of niet geheel doorlopend van voor naar achter; soms was er ook een loefbijter;
- het boeisel, dat bij de mast het breedst is, versmalt naar voor en achter duidelijk, veel meer dan bijvoorbeeld bij de boeier;
- het schip is meestal voorzien van een bun;
- een kenmerk van de rompvorm is tenslotte ook dat het schip zich gemakkelijk laat vergroten en verkleinen.

Beter dan een beschrijving, is een lijnentekening in staat een indruk van de rompvorm te geven. Omdat de Lemsteraak in kleine zowel als in grote afmetingen werd gebouwd, worden twee tekeningen getoond. In de eerste plaats die van een kleine Lemsteraak, gebouwd in 1912 voor visser J. Steenstra op de werf van De Boer. Het is deze tekening die gediend heeft voor de 9.10 meter Lemsteraken die in een 10% vergroting zijn gebouwd bij Kooijman en De Vries in Deil aan de Linge. In de tweede plaats is opgenomen de lijnentekening van *De Groene Draeck*, het Lemsteraakjacht dat destijds gebouwd werd voor Prinses Beatrix. Ook dit is een schip, gebouwd naar het voorbeeld van een De Boer-aak, namelijk naar dat van de bekende Lemsteraak *Onrust* van W. H. de Vos, die in 1985 in bezit kwam van de heer F. G. Spits. Een zilveren model van deze *Onrust* dient als jaarlijkse wisselprijs van de Stichting Stamboek Ronde en Platbodemjachten.

De bouw van *De Groene Draeck* vond

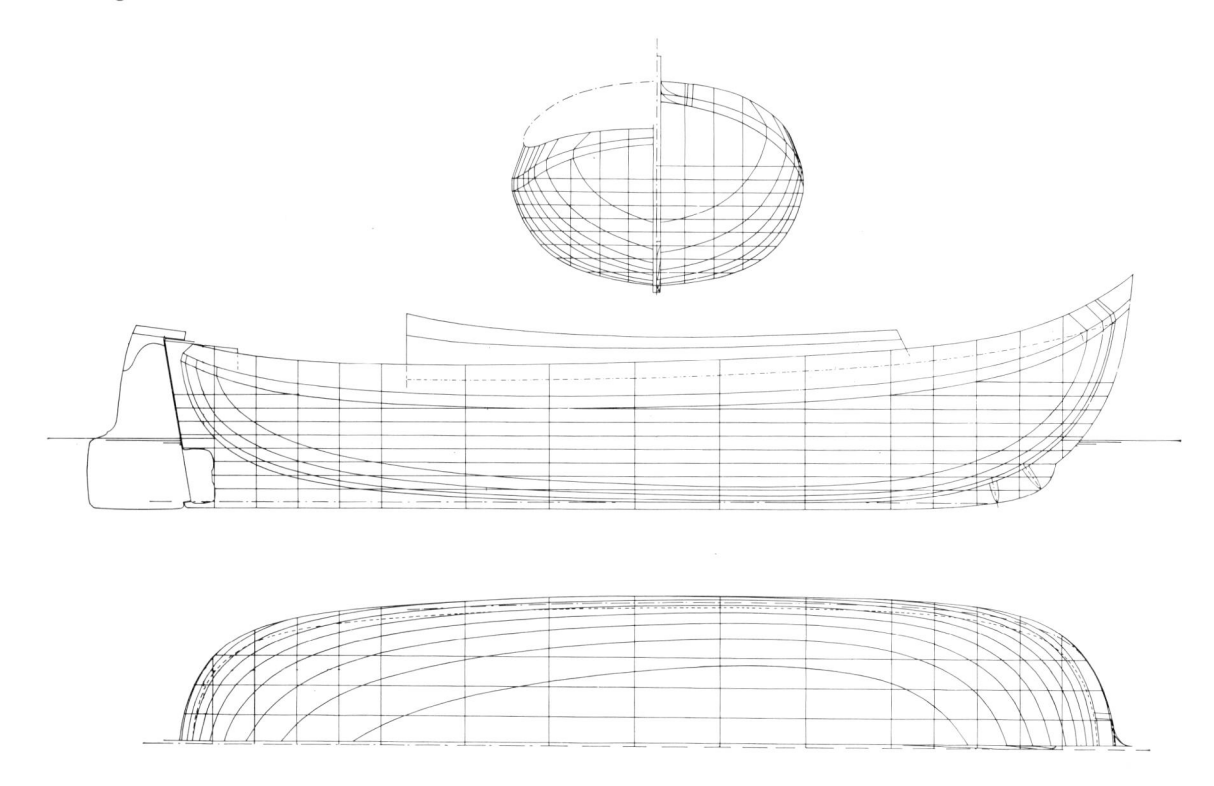

3. *De Groene Draeck*

plaats op de werf Het Fort van De Vries-Lentsch te Amsterdam, mede onder begeleiding van Arie de Boer, de laatste van de De Boer-familie, die bij de werf betrokken was tot aan de opheffing in 1960.

In de tekeningen van beide schepen, de kleine en de grote, zien we in beginsel dezelfde lijnen.

Lemsteraken in trek

Watersporters zijn zeer bijzondere mensen, altijd op zoek naar het schaap waarvan iedereen weet dat het niet bestaat: het schaap met vijf poten. Zelf weten ze dat natuurlijk ook, maar toch!

Nauwelijks hebben ze een aardige schuit gevonden of ze zijn alweer aan het rondneuzen of er soms iets nog beters te vinden is: met een ruimere kajuit of een hogere kop of een mooiere kont. Ze struinen de havens af, bekijken de verkooplijsten van makelaars, altijd met dat onbestemde verlangen eens het absolute ideaal, de ultieme schone te vinden. Dat die onbereikbaar is en eeuwig zal blijven, verhoogt alleen maar de glans van het nimmer eindigende spel.

Dat geldt voor de individuele zeiler, maar ook voor de totaliteit van de schippers. Eerst stonden de grundels en de schouwen in de belangstelling, toen de bollen, de schokkers en de Staverse jollen, en op dit moment zijn het de Lemsteraken. Waren er voorheen maar enkele werven die aken bouwden, thans zijn er vele in Nederland die een of meer aken in hun programma hebben. En dat niet ten onrechte, want het is een schitterend schip, fraai van lijn en uitstekend zeilend. Uiteraard geldt ook hier dat het nooit het schaap met vijf poten kan zijn en dat het qua algemene belangstelling te zijner tijd wellicht zal worden opgevolgd door een ander type. De boeier misschien?

Voor sommige schippers nadert het echter heel dicht het ideaal, namelijk voor hen die graag wedstrijdzeilen en daarbij beschikken over een getrainde en gespierde bemanning en voor hen die met een platbodem het ruimere water willen opzoeken, bijvoorbeeld van de Engelse oostkust of van Scandinavië, uitgaande van een aak in de grotere afmetingen. Een nadeel is dat het algauw een kostbaar vaartuig wordt, waarvoor diep in de buidel moet worden getast, vooral wanneer het winnen van wedstrijden het hoofddoel wordt. Met dat wedstrijdfanatisme ben ik niet onverdeeld gelukkig. Natuurlijk is het fijn als een schip snel is, maar het is niet het een en het al. De Amerikaanse publicist John G. Hanna schrijft hierover: 'Snelheid is op zichzelf niet iets verwerpelijks. Als de andere eigenschappen gelijk blijven, is de snellere boot te prefereren. Het beroerde is alleen dat die nooit gelijk blijven. Op het moment dat een schipper eraan begint concessies te doen ter wille van de snelheid, raakt het hek van de dam. Het eindigt ermee dat hij zijn ziel en zaligheid aan de duivel verkoopt voor de laatste meter snelheid per uur. En in plaats van een goed schip houdt hij een werkplaats over voor een soort slavenarbeid.'

Zoals gewoonlijk ligt de waarheid ergens in het midden. De toekomst van de Nederlandse platbodemvloot is rechtstreeks verbonden met de zeilkwaliteiten van de schepen. Zouden die te ver achterblijven bij moderne jachten, dan zullen ze zeker verdwijnen. Voorlopig ziet het daar niet naar uit, mits men maar het evenwicht bewaart tussen die twee vereisten: het goede en snel zeilende jacht, dat tegelijkertijd zijn karakter van traditionele platbodem niet verloochent. Wie tegenwoordig zo'n goed zeilende Lemsteraak door het water ziet stuiven, ervaart een gevoel van trots en voldoening. Dat zijn nog eens schepen!

Om het gevaar van al te extreme wedstrijdaspiraties in te dammen, heeft de Stichting Stamboek Ronde en Platbodemjachten tijdig ingegrepen. Inmiddels zijn er voorschriften gegeven die ervoor moeten zorgen dat de nieuwe aken goede traditionele schepen blijven. Ze betreffen de rompvorm, het maximumzeiloppervlak en dergelijke. Ook de vertegenwoordigers van de bouwers en ontwerpers, die bij de voorbereiding werden betrokken, zijn het daarmee eens.

Stofberg-aak

Een werf die al jaren Lemsteraken bouwt, is de firma Stofberg en Zonen te Enkhuizen. Stofberg bouwt, volgens het principe dat de lijnen van de romp nergens stil mogen staan, aken die in lengte variëren van negen tot zeventien meter. Men levert uitsluitend complete schepen naar eigen ontwerp, maar gebaseerd op de kenmerken van een De Boer-aak.

In 1993 bestaat de werf tweehonderd jaar. De start was in 1793 in Mijdrecht, in 1930 ging de werf naar Aalsmeer, in 1965 naar Leimuiden, en tenslotte in 1988 naar Enkhuizen. Allerlei Oudnederlandse schepen zijn in die lange jaren gebouwd en gerepareerd: tjalken, klippers, pakschuiten, aken, luxe motorjachten. Tekeningen en modellen daarvan bevinden zich in het Scheepvaartmuseum te Amsterdam.

Als mijn vrouw en ik de werf in Enkhuizen bezoeken, komen we binnen in een grote hal, waar helemaal aan het eind – het is herfst – de eerste schepen in winterberging liggen. Voorin ligt een grote hektjalk, die in opdracht van het museum te Enkhuizen een reparatie moet ondergaan en boven op die tjalk is een van de jonge firmanten Stofberg bezig met een tweetal werknemers te overleggen hoe het karwei moet worden aangepakt. Hij brengt ons bij Stofberg senior, die ons meeneemt naar zijn kantoor. Hij loopt moeilijk. Geblesseerd? Nee, versleten knieën, zegt hij grimmig. Moeder Stofberg

4. Op de aak *'t Gouwe Haantje* uit 1988, worden de kluisborden en beretanden geplaatst (foto fa. Stofberg en Zonen)

5. Achterschot met houtsnijwerk van de *Trekvogel*, een De Boer-aak uit 1917 (foto fa. Stofberg en Zonen)

schenkt thee, terwijl we foto's bekijken die het duidelijke verhaal van de werf vertellen: de kwaliteit van het werk, niet alleen van de rompen, maar ook van de aftimmering, het schilderwerk en de uitrusting. Ze zijn niet goedkoop, de heren Stofberg, maar voor wat zij leveren, mag dat. De kwaliteitsnorm die zij aanleggen, is een van de redenen geweest om het personeelsbestand laag te houden. Vijfenveertig Lemsteraken zijn afgeleverd sedert de eerste in 1957 van de helling liep, een echte helling, met de champagnefles uiteenspattend tegen de scheepsboeg.

Om een mooie gladde romp te krijgen, met goed strokende gangen, worden de platen boven de waterlijn niet gelast, maar geklonken. Veel hardhout wordt verwerkt en de teak dekken en potdeksels zien er onberispelijk uit. Stofberg senior ziet persoonlijk op de houtkwaliteit toe, door elke partij zelf te gaan uitzoeken. Zomaar een partij bestellen, komt bij hem niet voor.

Bouwen voor een ontwerper wil hij niet. 'De aak, die mijn werf verlaat,' zegt hij, 'wil ik niet alleen zelf hebben gebouwd, maar ook

6. De stalen romp van een Stofberg-aak in aanbouw. De gaten in de platen tonen dat die boven water niet worden gelast, maar geklonken (foto fa. Stofberg en Zonen)

7. De aak *Nettie*, gebouwd door Van der Zee te Joure in 1911 (huidige eigenaar familie Denee), op de nieuwe helling in Enkhuizen (foto fa. Stofberg en Zonen)

ontworpen, zodat die in alle onderdelen mijn naamplaatje draagt.' Zelf vaart hij een De Boer-aak, de *Salamander*, als jacht gebouwd in Lemmer in 1912.

Een bewonderd en vertroeteld schip is ook de houten visaak *Dolfijn*, waarover commissaris Voordewind met zoveel liefde heeft geschreven. Het restaureren van oude schepen is trouwens iets wat de werf in het verleden heeft gedaan en in de toekomst wil blijven doen.

Twee zonen, Pim, 31 jaar, en Jan Willem, 28 jaar, nemen senior, die in september 1993 zeventig jaar is geworden, nu een groot deel van het werk uit handen. De beschikbaarheid van die opvolging is de reden geweest om van Leimuiden naar de grotere en modernere locatie in Enkhuizen te gaan. Een tweehonderd jaar oude werf, die zich jong genoeg voelt voor een nieuwe stek aan de oever van het IJsselmeer.

De plek, vlak bij de stad en ten zuiden van de sluis, is goed gelegen zowel voor de bouw als voor reparaties van de grote platbodems die het IJsselmeer plegen te bevaren. *De Groene Draeck* liep er al binnen voor een korte stop. Oude cliënten met aken die in Leimuiden van stapel liepen zowel als anderen vonden inmiddels alweer hun weg naar de nieuwe locatie.

Blom-aak

Van de drie aken die ik als voorbeeld voor het Lemsteraken-hoofdstuk heb gekozen, is de Blom-aak er een. Dat heeft twee redenen. In de eerste plaats is het een aak die al jarenlang en dan uitsluitend als casco gebouwd wordt en waarvan inmiddels zo'n negentig stuks in de vaart zijn; in de tweede plaats is het een aak met een speciale rompvorm.

De Lemsteraak 83

8. De Blom-aak 172 VB onder zeil (foto fa. Blom en Zonen)

Tijdens mijn bezoek aan de werf van Blom in Hindeloopen – thans officieel Iege Blom en Zonen – is er juist een 9.50 meter aak in aanbouw. Wat opvalt is hoe geordend en schoon de werkplaats is; geen sprake van de rotzooi die je op sommige werven aantreft. Het schip is bijna klaar. Alles zit er al op en aan, tenminste wat het staalwerk betreft, want de afbouw wordt altijd uitbesteed. Je kunt de romp van alle kanten goed bekijken en pas bij heel nauwkeurige beschouwing valt het op dat de spantdoorsnede in het onderwaterschip een recht gedeelte vertoont: een rechte plaat dus met enige vlaktilling. Als je het niet wist, zou het je misschien ontgaan. Ik weet dat andere akenbouwers hier kritiek op hebben. Een aak, zeggen zij, moet helemaal rond zijn. Dirk Blom, de huidige werfdirecteur, bestrijdt dat ten stelligste:

'De eerste Lemsteraken waren van hout en hadden het vlak zoals wij dat nu maken. Als voorbeeld geldt voor ons de houten LE 39/HA 42 uit 1898 van Eeltjebaas, die

9. Model van een houten Lemsteraak (foto Zuiderzeemuseum)

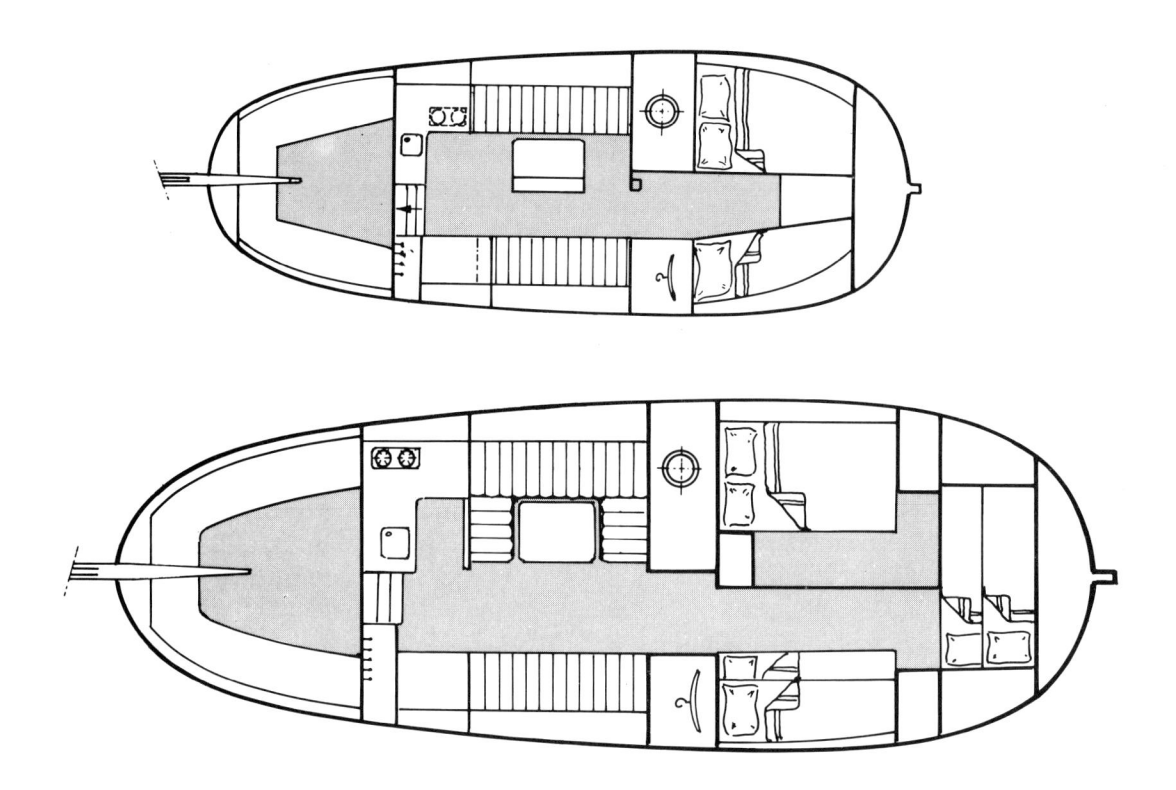

12. Grondplannen van een 9.10 m en een 11.50 m aak

plaats de eigen lijn, die geënt is op het De Boer-model. In de kleinere afmetingen zijn daarvan de 9.10 en de 10.05 meter aak het bekendst. Zelf vaart hij de 10.05 meter *Fidelia* succesvol in wedstrijden. Van de grotere is het de 11.50 meter aak, eveneens gebouwd volgens een originele De Boertekening, die de aandacht trekt.

De oude foto geeft het schip zeilend weer. De rompvorm is karakteristiek voor een De Boer-aak, met een volle en hoge kop en met tamelijk zachte kimmen, net als *De Groene Draeck*, zoals blijkt uit de doorsneden op de inrichtingstekening. Mede door zijn afmetingen is de 11.50 meter aak een flink zeewaardig schip, waarmee in het verleden al vele reizen in de Europese wateren werden gemaakt. De inrichtingsmogelijkheden zijn verbluffend. Het is wel aardig de plattegronden van een 9.10 en een 11.50 meter aak naast elkaar te leggen om te constateren wat er aan accommodatie in het schip kan worden ondergebracht.

Naast deze eigen aken bouwt Van Rijnsoever ook aken naar de tekening van andere ontwerpers, met name van Brinksma en van André Hoek Design.

Ter illustratie is opgenomen de zeiltekening van een 11.50 meter aak van André Hoek, die een duidelijk hogere, meer op wedstrijden toegespitste tuigage laat zien. Dat grotere zeiloppervlak is een gevolg van wat men noemt het optimaliseren van platbodems. In het geval van dit schip bestaat dat niet uit het domweg tekenen van een hogere mast, maar ook uit het aanpassen van de scheepsromp, die een flinke breedte heeft gekregen en een vollere, meer boeierachtige grootspantvorm. Van Rijnsoever bouwde een dergelijke aak voor dr. Brand uit Oldenburg in Duitsland.

Ik heb het al meer gezegd: wie permanent op zee wil varen, kieze een slank en diepstekend scherp jacht, dat zich zo soepel mogelijk in de golven beweegt. Een platbodem met zijn volle vormen is daarvoor niet

De Lemsteraak 87

13. Zeilplan van een 11.50 m aak van André Hoek Design

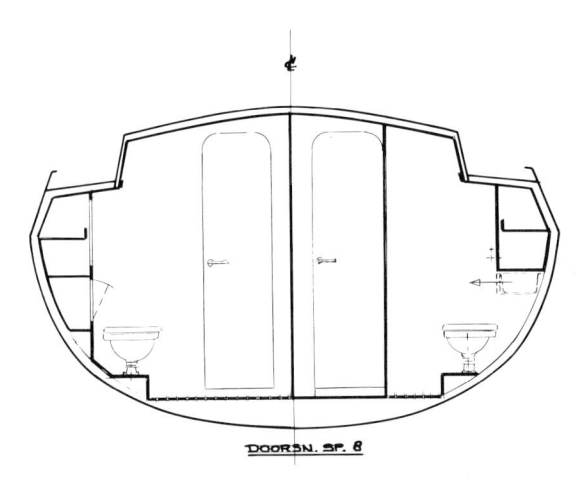

14. Het grootspant van de *Sijtje*

ideaal. De keuze van dr. Brand, die met zijn gezin tijdens vakanties lange tochten naar de Engelse en Franse kusten pleegt te maken, is niettemin verklaarbaar. Gezien zijn woonplaats is zijn voornaamste vaargebied immers toch het kustwater van Noord-Duitsland en Noord-Nederland met de bijbehorende wadden en de aangrenzende wateren van Oostzee en IJsselmeer.

Zeilervaringen met de 11.50 meter aak *Sijtje* (door dr. Brand)

Dadelijk na de tewaterlating nam de *Sijtje* deel aan de Deltaweek, waar het schip vijf keer eerste werd in de V.B.-klasse. Aansluitend daaraan voeren mijn vrouw en ik, samen met onze dochter, het schip over zee naar Duitsland.

Voorbij Texel wakkerde de wind aan tot zuidwest 7. Het was een pracht om met ruime wind de hoge golven af te stormen met hoge topsnelheden. Het volle grootspant en zijn grote snelheidsbereik maken hem uitermate geschikt voor het zeilen op zee, met weinig rollen en stampen. Al zijn de zeilen van groter oppervlak en moeilijker te bergen, en al hebben wij een sterke en zeer rustige dieselmotor, toch varen wij veel minder op de motor dan vroeger: het zeilt gewoon zo lekker.

Het wedstrijdtuig met zijn vele trim-mogelijkheden heeft reeds tot een gevulde prijzenkast geleid. Het schip loopt met een snelheid en een hoogte aan de wind zoals ik nog niet eerder in een platbodem heb meegemaakt; en dan wordt het ook nog derde in een wedstrijd met scherpe jachten. Een bijzondere ervaring!

Het schip heeft behalve de nodige navigatie-instrumenten ook communicatieapparatuur aan boord, waardoor de schipper in staat is het in voorkomende gevallen ook als 'buitenkantoor' te gebruiken.

De grote binnenruimte is nodig als de kinderen, eventueel met vriendjes, allemaal meegaan. Er zijn dan ook vijf vaste kooien en vier sofakooien. Wij beschouwen het als een schip voor ons leven, dat we ook nog zullen varen als de kinderen niet meer meegaan. De uitrusting is daaraan aangepast door die zo handig mogelijk te maken met behulp van lieren, een stuurautomaat en dergelijke voorzieningen. Om langdurig en aangenaam aan boord te verblijven is er: 220 volt, warm water, een douche, een fornuis met oven enzovoorts. We hopen dan straks op latere leeftijd heel Europa te bereizen, van noord naar zuid en van west naar oost.

Tot zover het relaas over de Lemsteraken. Helaas is het niet mogelijk in dit hoofdstuk alle bouwers en ontwerpers uitvoerig te behandelen. Ik noem van de ontwerpers nog de nestor onder hen, J. K. Gipon, en de eveneens al eerder genoemde H. Lunstroo. Van de bouwers noem ik tenslotte nog: Kuperus uit Makkum, Smits uit Nieuwegein, De Scheepsbouwers uit Werkendam en Kloos (v/h Gebr. Thijssen) uit Leiden.

15. De 11.50 m Hoek-aak *Sijtje* van de familie Brand uit Oldenburg (foto Jachtwerf van Rijnsoever)

10 HET SCHIP DAT LIGT TE WACHTEN – VAN ZALMSCHOUW TOT TJALK

In de voorgaande hoofdstukken zijn telkens nieuw gebouwde jachten besproken, die gebouwd zijn na 1950. Dit laatste hoofdstuk gaat niet over een nieuw jacht, maar over oude schepen die liggen te wachten op restauratie. Al kost het zo langzamerhand moeite ze te vinden, toch zijn ze er nog, en het zou jammer zijn als we ook maar één oud schip zouden verliezen, omdat er niemand is om het te restaureren: een tjalk of Biesbosch-aak in gebruik als woonschip, een Hollandse boot half gezonken ergens voor de wal (zoals ik er onlangs een zag in de buurt van Gouda), een houten hoogaars, in kommervolle staat omdat een opknapbeurt zoveel geld kost. Zeg niet dat ze er niet zijn, want de plek waar die hoogaars ligt, kan ik u zo wijzen. Wat een geluk trouwens dat veel van die oude schepen van de ondergang zijn gered door de energie en het

1. In het Hollandse plassengebied

enthousiasme van de mensen van de bruine vloot.

De zalmschouw

Zalmschouwen zoals wij die tegenwoordig kennen – ze worden ook wel drijverschuiten genoemd – zijn ijzeren boten, waarmee destijds op de grote rivieren werd gevist, onder andere op zalm. Ze zijn sprietgetuigd en hebben een rompvorm waarvan het vlak in het voorschip doorloopt tot aan de bovenkant van het boeisel en dat zo typerend is voor Zeeuwse en Zuidhollandse schepen. In het achterschip eindigt het vlak onder water bij een bijna rechtopstaande steven met een gemakkelijk wegneembaar roer (om het schip achterstevoren op een strandje te kunnen trekken); het voorschip is heel breed en vol, het achterschip smal. De spantvorm is simpel. Op het vlak staan de zijden schuin naar buiten; het boeisel valt in de midscheeps naar binnen zoals bij platbodems gebruikelijk; naar voren toe gaat het steeds meer rechtopstaan om tenslotte zelfs naar buiten te vallen.

Het scheepje kan worden gezeild en geroeid.

Zalmschouwen zijn er in diverse maten, variërend van 5 tot 8 meter. Ze dragen in volgorde van grootte aparte namen: Meerkoet, Fanny, Driekwart, Hardinxvelder en Woerkommer, en tenslotte de grote zegenschouw.

Aan de haven waar mijn vrouw en ik woonden, zagen wij elk jaar een zalmschouw binnenlopen die bemand was door een echtpaar van ruim de pensioenleeftijd. Zij brachten een groot deel van de zomer op hun open scheepje door, dat weliswaar klein was, maar dat met enig overleg kennelijk toch de noodzakelijke accommodatie verschafte voor een langdurig verblijf. Het wassen van het haar van de oudere dame gebeurde gewoon overboord.

Al is de zalmschouw een open vaartuig, toch bezitten de wat grotere exemplaren de kwaliteit van een klein kajuitjacht. De kajuit wordt namelijk gevormd door de tent over het voorschip, die reikt tot aan de mast en die de vissers destijds al tot onderkomen diende: een plek om te koken en de nacht door te brengen. Wie de zalmschouw op deze wijze benut, heeft er best een aardig kajuitjachtje aan, met een dak boven het hoofd tegen de regen en met een fijne grote kuip tijdens de vaart. Van de oude grote vloot – er waren soms wel honderd schouwen tegelijk aan het vissen – zijn nog verscheidene exemplaren over, die vaak zorgvuldig zijn gerestaureerd. Een groot deel daarvan bevindt zich in de havens van Werkendam en Woudrichem. Om het wel en wee van de zalmschouw bekommert zich de Landelijke Vereniging tot Behoud van de Zalmschouw (VBZ), Veenestraat 7, 4931 BM Geertruidenberg.

Een geweldig goede zeiler is de zalmschouw niet, maar als toerschip heeft hij toch zijn aantrekkelijke kanten, al zal het gebruik als jacht enige aanpassingen vergen. Het sprietuig zonder giek is zo ongeveer het summum aan eenvoud en kan, mits goed gesneden en gesteld, redelijke prestaties leveren. De mast is laag genoeg om ongestaagd te kunnen blijven. De diepgang is uiterst gering, goed voor de Biesbosch en voor het aanlopen van een rivierstrandje. Zalmschouwen zijn onder zeil of onder motor voor geen kleintje vervaard. Hun stoere kop zorgt ervoor dat

2. Kleine zalmschouw: de buitenboordmotor opzij, het sprietzeil vastgebonden tegen de mast

ze het water van Zeeland met vrijmoedigheid doorkruisen. Op het eerste gezicht lijkt het smalle achterschip niet erg geschikt om er een buitenboordmotor aan te hangen, maar het blijkt dat die aan een bok naast het boord een uitstekende plaats heeft gevonden. Hij is daar goed bereikbaar voor de man aan de helmstok.

Zalmschouwen zijn geschikte scheepjes voor een paar jongelui om ermee door Nederland te zwerven, en zelfs ook – zie boven – voor ouderen, die het zwerversbloed nog in de aderen hebben. Ze worden tegenwoordig weer nieuw gebouwd, namelijk op de werf Den Bout van eigenaar H. den Breejen in Hardinxveld.

Een tjotter, een Vollenhover bol, een botter

Zijn er van de ijzeren zalmschouwen nogal wat exemplaren overgebleven, van de houten schepen is dat lang niet altijd het geval. Meestal is de restauratie van een houten schip een groot karwei, maar er zijn gelukkig nog altijd mensen die daarvoor niet terugschrikken. Een tjotter wordt gerestaureerd, een schouw, zelfs een houten Vollenhover bol, ondergaat een algehele vernieuwing. En wat is er een werk verzet door de mensen van 'Botterbehoud', met als gevolg dat een groot aantal fraaie visbotters behouden is gebleven.

In *Spiegel der Zeilvaart*, het lijfblad van de platbodemschippers, lees ik in de advertenties: Te koop IJsselaak 16 meter, en: Staverse jol 6.50 meter; hopelijk vinden ze beide een goede schipper.

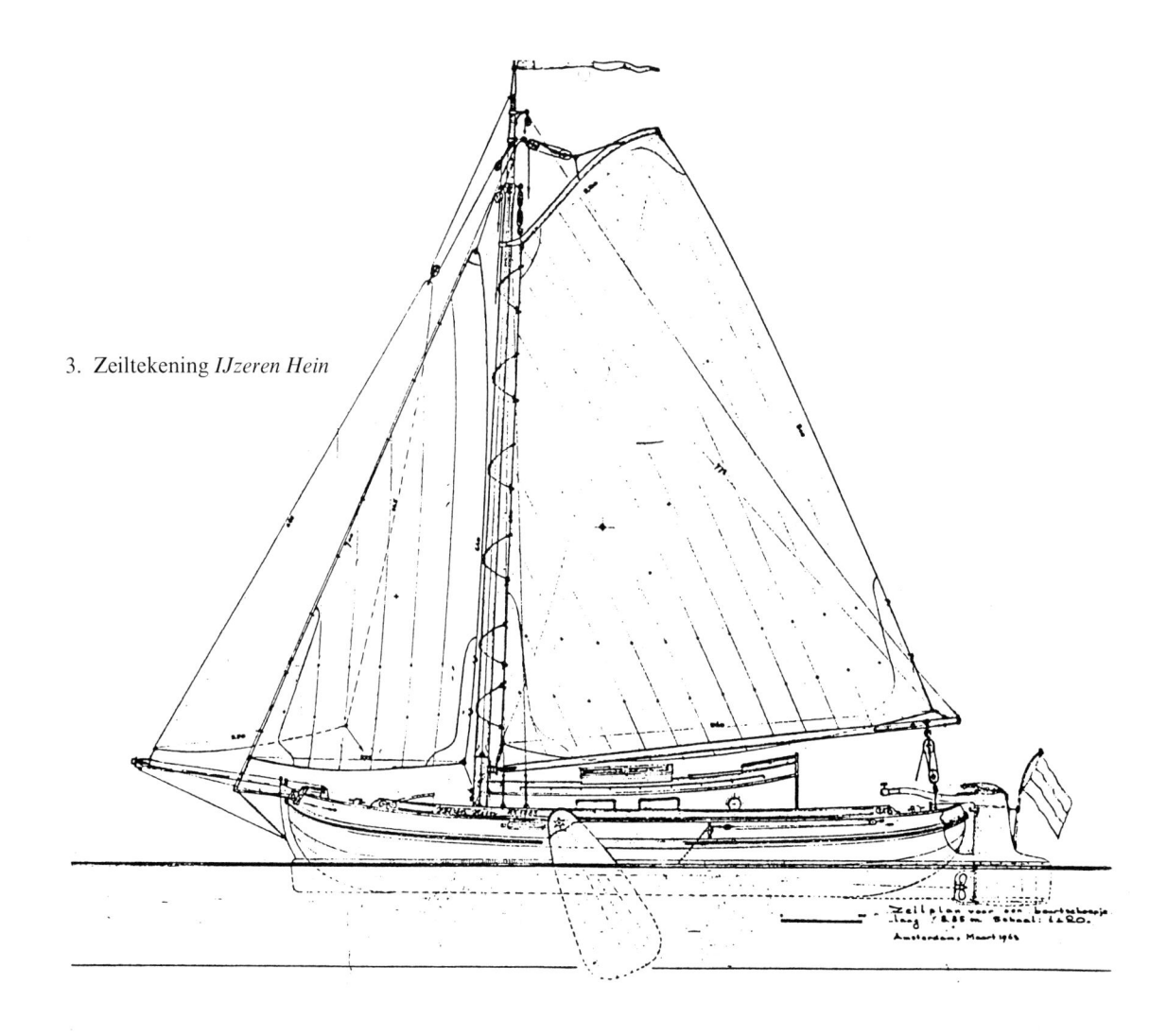

3. Zeiltekening *IJzeren Hein*

4. Een van de laatste zeilende vrachttjalken, gefotografeerd in Friesland in 1955

5. De *IJzeren Hein* van de familie Starreveld uit Abcoude onder zeil

De tjalk

Twee scheepjes, twee eigenaars: het is alweer een tijdje geleden dat ik een 10 meter motortjalkje zag varen. Het had weliswaar een lelijke hoge opbouw, maar de rompvorm was zeer bekoorlijk en de lijnen van berghout en boeisel leken als door kunstenaarshand gemaakt. De eigenaar vertelde dat hij het schip als zeiltjalk had gekocht toen het nog geheel in de oorspronkelijke staat was, compleet met zwaarden en de hele tuigage. Hij was er trots op 'het er allemaal te hebben afgegooid' om er een motorboot van te maken. Er kwam een (te) hoge opbouw op en verder werd er een grote hoeveelheid ballast op de bodem aangebracht; het lag dan ook veel te diep. Zijn zoon, zei hij, had er bij staan janken en had hem bezworen het scheepje in de oorspronkelijke staat te behouden, maar hij zou daar gek zijn.

Beter deden het de heer en mevrouw Starreveld uit Abcoude, eigenaars van de *IJzeren Hein*, een tjalkje van 8.85 meter, gebouwd in 1888 in Groningen door Mulder te Hoogkerk-Vierverlaten. In 1960 kochten zij bij de oudijzerhandel De Boer en Moens te Amsterdam-Noord de romp van dit kleine monument, dat op het punt stond tot schroot te worden versneden. In 1962 was het schip weer onder zeil, als het kon spreken tot zijn eigen verwondering en dankbaarheid. In 1992 zag ik het liggen in de haven van Wijk bij Duurstede. De heer en mevrouw Starreveld trof ik aan boord: ze kwamen zojuist terug van een lange tocht naar de Friese en Groningse meren en kanalen. Hij in de tachtig, zij bijna tachtig, voeren het scheepje nog steeds met zijn tweeën, maar waren nu toch langzamerhand zover, dat zij erover dachten met varen te gaan stoppen. Nadat het vaartuig voor de sloop was bestemd, had het hen inmiddels al weer dertig jaar gediend, en hoe! Het zag eruit om door een ringetje te halen, fraai in de verf en met zijn leeftijd van meer dan honderd jaar gereed voor nog eens honderd jaar. *IJzeren Hein* ligt nu te koop en ziet er zo aantrekkelijk uit dat hij zeker een goede koper zal vinden.

Voor een familie uit Voorburg heb ik eens een soortgelijk klein tjalkscheepje gerestaureerd. Het had dezelfde lengte van circa 8.85 meter bij een breedte van 2.20 meter, maar duidelijk was te zien dat er midscheeps een stuk van ongeveer een halve meter tussen was gezet. De oorspronkelijke lengte kwam daarmee op zo'n 8.30 meter en dat voor een vaartuig waarmee iemand zijn brood heeft moeten verdienen, waarschijnlijk door met handelswaar langs de Friese dorpen te trekken. Een 'suttelkofke' noemden mijn Friese zegslieden dat.

De restauratie was geen geringe klus, want weliswaar was het al tot jacht verbouwd, maar dat was niet best uitgevoerd, met slecht materiaal. Het kreeg de naam *Orca* en heeft onder die naam jarenlang in Friesland gevaren, met Gaastmeer als ligplaats. Het is later verkocht aan een eigenaar in Friesland. Ik zag het een aantal jaren geleden nog liggen, zo te zien in goeden doen.

Nu zijn die heel kleine tjalkjes wel mooi om te zien, maar ze hebben het nadeel van de geringe stahoogte. Zelfs bij de wat grotere exemplaren van een meter of twaalf en meer is die stahoogte een probleem, dat soms wordt opgelost door er een lelijke hoge kajuit op te zetten. Het is de moeite waard te proberen dat te vermijden. Men zou bijvoorbeeld het voorste deel van de kajuit mooi laag kunnen laten en alleen het achterste stuk een verhoogde opbouw kunnen geven. Het is mogelijk daarin ramen te maken zoals die op binnenvaartschepen gebruikelijk zijn, met de beschilderde schuiven waarmee ze kunnen worden afgedekt. Dat verhoogde gedeelte is uit te voeren in staal, maar ook in gepotdekseld grenen, wat een vriendelijker indruk maakt.

De tjalken vormen een groot deel van onze erfenis aan oude schepen, omdat ze destijds in zulke grote aantallen voorkwamen vanwege hun functie als vrachtvaarders, die veel vervoer van goederen in Nederland voor hun rekening namen. Het zijn daarom gemakkelijke schepen uit een oogpunt van hanteerbaarheid.

Een tjalk van niet te grote afmetingen laat zich door twee personen varen. Dat komt onder meer door de voorlijk geplaatste mast. Hierdoor is de fok klein en handelbaar in het kruisrak. Anders dan een vissersschip moest een tjalk immers vaak in nauwe vaarwaters opkruisen om de laad- of losplaats te bereiken. Tijdens het overstag gaan kan het grootzeil in bedwang worden gehouden met de vele malen ingeschoren grootschoot, zonder dat dit de krachten van de stuurman te boven gaat. Wel kan de roerbediening behoorlijk wat kracht vergen, maar een talie op de helmstok lost ook dat probleem op. Een verschil met een vissersschip is ook dat een tjalk minder op zeewaardigheid is gericht.

Kleine tjalken zijn geen schepen voor de Zuiderzee, maar dat ligt wat anders bij tjalken van forsere afmetingen. Voor mensen die een goed zeilend schip met veel ruimte willen, dat toch door een kleine bemanning kan worden gevaren, is een tjalk van matige afmetingen een ideaal schip. Daarenboven heeft het de kwaliteit van onschatbaar monument.

6. Tjalk *Bruine Beer* ergens in Friesland

NASCHRIFT

Niet alleen de traditionele schepen behoren tot onze nationale erfenis; ook de kennis en de kunde om ermee te varen op de bijzondere wijze die zij vereisen, behoren daartoe. Het is gelukkig dat een steeds groeiend aantal platbodemschippers die vaardigheid bezit en in praktijk brengt. Laat het zo voortgaan, dan zal de lange vleugel van de platbodemmast het Nederlandse landschap blijven sieren.

LIJST VAN NAMEN EN ADRESSEN

Ontwerpers

J. K. Gipon, de Dobbe 12, 8561 EF Balk

Hoek Design, Grote Kerkstraat 23, 1135 BC Edam

P. W. Jongepier, Wulp 4, 1722 JC Zuid-Scharwoude

J. Kok, Spinnerij 80, 8041 XH Gorredijk

H. Lunstroo, Rokin 34, 1012 KT Amsterdam

Ir. H. Vreedenburgh, Lelielaan 15, B 2630 Aartselaar (België)

Bouwers

Jachtwerf Been, Uiterweg 247, 1431 RA Aalsmeer

Firma Iege Blom en Zn., Nieuwe Wijde 17-21, 8713 JD Hindeloopen

De Boeier, E. Kuperus, Stranwei 22, 8754 HA Makkum

Scheepswerf den Bout, H. den Breejen, Hardinxveld

Jachtwerf Delta (W. van der Torre en Zn.), Turfkade 35, 3231 AR Brielle

Jachtwerf Kloos (v/h Thijssen), Adm. Banckertweg 19, 2315 SR Leiden

Jachtwerf De Klop BV, Fortlaan 46, 3554 HV Utrecht

Kok Zeeschouw, Vaartweg 58E, 8243 PP Lelystad

Jachtwerf Joh. van der Meulen en Zn., Selfhelpweg 11-13, 8607 AB Sneek

De Plaete, Steigerdijk 1, 3257 LP Ooltgensplaat

Jachtwerf Van Rijnsoever, Deilsedijk 64, 4158 CH Deil a/d Linge

De Scheepsbouwers (S. de Vries en J. Kleijwegt), Steurgat 3b, 4251 NG Werkendam

Smits Jachtbouw, Dieselbaan 7, 3439 MV Nieuwegein

Firma Stofberg en Zn., Volmolen 2, 1601 ET Enkhuizen

Jachtwerf M. van Waveren, Gantellaan 39, 2681 LG Monster

Jachtwerf Woudenberg, Waalbandijk 58, 6658 KA Beneden-Leeuwen

BEKNOPTE LITERATUURLIJST

Archiefdienst Rotterdam, *Rotterdam gefotografeerd in de 19de eeuw*, Amsterdam 1974.
Berk, Gait L., *De Punter*, Weesp 1984.
Beylen, J. van, 'Modellen op spanten: een botter', in: *De Modelbouwer*, Amersfoort jrg. 1951-1952.
idem, 'Bouwbeschrijving van een Zeeuwse visserman: de Tholense hoogaars', in: *De Modelbouwer*, Amsterdam jrg. 1962-1964.
idem, *Zeeuwse vissersschepen van de Ooster- en Westerschelde*, Amsterdam 1964.
idem, *De hoogaars*, Bussum 1978.
idem, 'De Hengst', in: *Jaarverslag 1982. Vereeniging Nederlands Scheepvaart Museum*, Amsterdam 1982.
idem, *De botter*, Weesp 1985.
idem, 'Zeeland: schepen en scheepvaart', in: *Catalogus Nationaal Scheepvaartmuseum*, Antwerpen 1961.
idem, *Schepen van de Nederlanden*, Amsterdam 1970.
Boelmans Kranenburg, H. A. H., *Achter de branding. De visserij van de Nederlandse kustplaatsen*, Bussum 1977.
Boonenburg, K., *De Zuiderzee*, Amsterdam 1956.
idem, *Houten schepen*, Enkhuizen 1957.
Bos, ing. J. F. M., *Stalen en ijzeren koftjalken op zee*, Haarlem 1993.
Bruin, M. P. de, *Aan de rede*. Zeeland aan de waterkant, Bussum 1975.
Comte, P. le, *Afbeeldingen van Schepen en Vaartuigen*, Amsterdam 1831.
Crone, G. C. E., *Nederlandse jachten, Binnenschepen, Visschersvaartuigen en daarmee verwante kleine zeeschepen 1650-1900*, Amsterdam 1926.
idem, *Onze Binnenschepen*, Amsterdam 1944.
Dessens, Henk, *De Hazenbergmodellen*, Baarn 1991.
Dorleijn, Peter, *Van gaand en staand want. De Zeilvisserij voor en na de afsluiting van de Zuiderzee*, Bussum 1982 (deel I, II). Weesp 1983 (deel III). Weesp 1985 (deel IV).
idem, *Geen moed vist ook*. Fragmenten uit de Zuiderzeevisserij, Bussum 1977.
Frederiks, Gep, *De 'Ideaal'*, Amsterdam 1980.
Fuchs, J. M., *Vijf eeuwen binnenvaart*, Amsterdam z.j.
Haentjens, Walter, *300 jaar Zeilen: van speeljacht tot pleziervaartuig*, Alkmaar z.j.
Herwerden, P. J. van, *De Groninger Zeevaart in de tweede helft der 19de eeuw*, Amsterdam 1969.
Huber, F. G. A., *De Nederlandse binnenvaart*, Assen 1967.
Huitema, T., *Ronde en Platbodemjachten*, Baarn 1994.
idem, *Lemsteraken*. Van Visserman tot Jacht, Weesp 1982.
Jorissen, F., *Spelevaart en Watersport in Dordt*, Dordrecht 1976.
idem, Jaap A. M. Kramer en Jaap Lengkeek, *Het water op; 400 jaar pleziervaart in Nederland*, Baarn 1990.
Kaiser, Joachim, *Segler im Gezeitenstrom*, Norderstedt z.j.
Kampen, H. C. A. van, en H. Kersken Hzn., *Schepen die voorbijgaan*, 's-Gravenhage 1927.
Kersken sr., H., *Hollandse jachten van de toekomst*, Assen 1963.
Konijnenburg, E. van, *De scheepsbouw vanaf zijn oorsprong*, Brussel 1913.
Kooijman, J. W., *Varen met platbodems. Zeilinstructies voor beginnende platbodemzeilers*, Baarn 1991.
idem, *De Giponvloot in tekening*, Houten 1989.
Kramer, Jaap A. M., en Wim de Bruijn, *Plezierig varen met ronde en platbodemjachten*, Bussum/Schiphol 1972.
Kruisink, G. R., *Zuiderzee*. Foto's van het Zuiderzeemuseum te Enkhuizen, Baarn 1977.
Landelijke Vereniging het Zeilend Bedrijfs-

vaartuig, *Scheepstypologieën*, Houten 1988.
idem, *Schepenlijst 1991*, Amsterdam 1991.
Laursen, Andreas, *Danske Veteranskibe*, Kopenhagen 1977.
Loeff, ir. J., *De zeilsport*, Amsterdam/Antwerpen 1977.
idem, e.a., *De Groene Draeck*, Schiedam 1959.
idem, *Oog in 't zeil. Driehonderd jaar geschiedenis van de Pleziervaart in Nederland*, Amsterdam 1972.
Loomeyer, Frits R., *Zeilende kustvaarders*, Alkmaar 1985.
Loon, F. N. van, *Beschouwingen van den Nederlandschen Scheepsbouw met betrekking tot deszelfs zeilaadje*, Haarlem 1820, tweede uitgave Amsterdam 1842.
idem, *Handleiding tot den Burgerlijken Scheepsbouw*, Workum 1838, tweede uitgave Leeuwarden 1843.
Lunenburg, Jan, en W. Haentjens, *Ronde en platbodems schepen en jachten*, Alkmaar 1966.
Martens, Rob, en Lieuwe Westra, *Aanzien van de oude visserij... met beste groeten van...*, Assen 1978.
Molen, S. J. van der, *IJzeren mannen op houten schepen*, Bussum 1982.
idem, *Profiel van een waterland. De oude Friese watersteden*, Bussum 1974.

Petrejus, E. W., *Oude zeilschepen en hun modellen*, Bussum 1971.
idem, *Nederlandse Zeilschepen in de negentiende eeuw*, Bussum 1974.
Seghers, M., en R. de Bock, *Schepen op de Schelde*, Antwerpen 1960.
Sopers, P. J. V. M., *Schepen die verdwijnen*, Amsterdam z.j.
Tesch, J. J., en J. de Veen, 'Die niederländische Seefischerei', in: *Handbuch der Seefischerei Nordeuropas*, Stuttgart 1933.
Vermeer, dr. ir. J., *het Friese jacht*, Leeuwarden 1992.
Versteeg, W. K., *Scheepsmodellen*, Antwerpen 1947.
Voorbeytel Cannenberg, W., *De Groene Draeck: het snelle schip van Maarten Harpertsz Tromp*, Amsterdam 1957.
Voordewind, H., *Een schipperszoon vertelt (over de visaak Dolfijn)*, 's-Gravenhage 1951.
Vroom, U. E. E., *Vracht- en vissersschepen gebouwd door Eeltje Holtrop van der Zee en Auke Holtrop van der Zee*, Enkhuizen z.j.
Witsen, N., *Aaloude en Hedendaagsche Scheepsbouw en Bestier*, Amsterdam 1671, tweede uitgave 1690.
Zetzema, Jan, *De Friese palingaken*, Amsterdam 1976.